JORGE AVELINO DE SOUZA

A TRINDADE PROFANA DE SARAMAGO: IRONIA E PARÓDIA EM *O EVANGELHO SEGUNDO JESUS CRISTO*

Brasília
2009

(...) as palavras dos homens são como sombras, e
as sombras nunca saberiam explicar a luz, entre
elas e a luz está e interpõe-se o corpo opaco que
as faz nascer (...)
(ESJC, 379)

No princípio era o Verbo
e o Verbo estava com Deus
e o Verbo era Deus.
(Jo 1:1)

SUMÁRIO

INTRODUÇÃO

Por meio da paródia e da ironia, José Saramago, baseando-se nos resultados alcançados pelas pesquisas históricas a respeito de Jesus e na leitura da Bíblia, constrói uma versão da história do messias judeu em seu *O Evangelho Segundo Jesus Cristo*, publicação de 1991, que causou polêmica em Portugal, a ponto de ser rejeitada para a concorrência ao prêmio literário nacional. O motivo da rejeição deve encontrar-se no vínculo histórico entre o Cristianismo reinante na Idade Média, por intermédio da Igreja, e a nação portuguesa, que teve sua própria formação e emancipação respaldadas por instituições católicas, como quase todo o Ocidente medieval.

O romancista retrata um evangelho demasiadamente humano, personificando, à imagem e semelhança do homem, todos os personagens extra-humanos. De todos, os que nos interessam, em primeiro lugar, são Diabo, Deus e Jesus. Cristo é pintado como um homem comum, de acordo com os parâmetros de seu tempo, com paixões, culpas, ambições e, também, evidentemente, singularidades, sendo a principal delas sua identidade paterna: Deus. O escritor não recusa tal filiação ao "salvador", mas discorre sobre a repercussão disso na vida prática do homem que ele nos apresenta como sendo o messias. Também Deus é problematizado, suas intenções e posições imperialistas são desveladas, promovendo o questionamento da imagem de um deus essencialmente bom, trazida pelo Cristianismo. Tem-se, na obra, um Deus imperialista, com traços de personalidade humana, que arquiteta um plano perfeito para a expansão e divulgação de seu poderio, utilizando-se, em primeiro lugar, da crucificação do próprio filho e, em seguida, da fama de seu oponente, em tese: Diabo. Da mesma forma, Diabo, que, no texto, é Pastor, é humanizado e incumbido de parte da formação de Jesus, que tinha, então, entre quatorze e dezoito anos.

Nossa proposta é analisar o romance de José Saramago e visualizar nele a construção, pela ironia e pela paródia, do que aqui denominaremos Trindade Profana, composta por Diabo, Deus e Jesus. Vale ressaltar que a escolha do título, embora tenha sido inspirada na designação de Santíssima Trindade, não guarda nenhuma relação com esta. Nosso objetivo é, tão somente, mostrar como se relacionam os três representantes dessa tríade, unida em um só propósito e sem alternativa de dissolução. O propósito é o político, o de expansão da autoridade e do poderio de Deus e, consequentemente, de Jesus e de Diabo. Não é o caso que sejam uma só pessoa, como na Santíssima Trindade, mas que estão ligados por um mesmo objetivo.

O autor de *O Evangelho Segundo Jesus Cristo* não intentou negar a veracidade dos Evangelhos canônicos para legitimar outra versão. Isso não poderia ser, porque o que faz é literatura. Seu objetivo é o de questionar as verdades absolutas que surgiram a partir do discurso teológico cristão medieval e isso ele faz por meio da paródia e da ironia, amalgamadas à metaficção historiográfica. E questionar essas verdades é questionar a ideologia empregada pela Igreja católica, durante toda a Idade Média, para manter seu estado de dominação dos povos do Ocidente. Seu objetivo é lançar dúvidas. O nosso é o de visualizar esse processo de crítica ao Cristianismo, porque, uma vez que o ambiente em que Cristo nascera e desenvolvera seu ministério era um ambiente extremamente politizado, transportar essa propriedade ao romance faz com que o leitor aproxime-se um pouco mais do que poderia ter sido a vida do Messias, que os Evangelhos canônicos, de *per si*, não revelam, devido aos motivos que basearam sua produção.

Assim, o conjunto desta dissertação está organizado em cinco partes ou capítulos, partindo de uma exposição histórica da figura de Cristo e do Cristianismo, passando pela exposição e justificação do instrumental teórico utilizado, até chegar à análise propriamente dita da Trindade Profana de Saramago.

No capítulo primeiro, expomos um histórico da vida de Jesus, considerando sua formação e suas relações com os partidos político-religiosos do judaísmo de seu tempo e baseados em pesquisas históricas a esse respeito. No segundo, comentamos os fatores condicionantes para a formação da teologia cristã. No capítulo três, são apresentados os conceitos de paródia, ironia e metaficção historiográfica e suas inter-relações na confecção do romance ora analisado. No quatro, tecemos algumas considerações a respeito da tríade de que nos ocupamos nesta dissertação, considerando elementos teológicos e políticos. No quinto capítulo, destinado à análise propriamente dita da obra literária, são examinados, além do personagem José, Diabo, Deus e Jesus, respectivamente.

Por fim, indicamos que, nas referências a *O Evangelho Segundo Jesus Cristo*, utilizamos a sigla ESJC, separada por dois pontos da página de referência. As demais citações contam com a referenciação de acordo com os padrões adotados para a confecção de trabalhos acadêmicos.

1. O JESUS GALILEU

Um fazedor de milagres, profeta, messias, sábio, revolucionário, filho de Deus, seguidor da Lei; esses são os títulos atribuídos ao Jesus de Belém da Judéia, descendente de Davi, conforme registram os Evangelhos canônicos. A maioria de material que temos da história desse personagem é o que se relatou nesses textos, cujas autorias somam Mateus, Marcos, Lucas e João. David Flusser, autor de uma importante biografia do Cristo, *Jesus*[1] (2002), refere-se às fontes históricas a respeito da vida de Jesus da seguinte forma:

> As únicas fontes cristãs importantes que se referem a Jesus são os quatro Evangelhos: Mateus, Marcus, Lucas e João. O restante do Novo Testamento quase nada nos conta acerca de sua vida.
>
> Os três primeiros Evangelhos baseiam-se primordialmente em material histórico comum, ao passo que o quarto, João, é corretamente considerado como se mais se preocupasse mais com a apresentação de uma perspectiva teológica. Os paralelos entre Mateus, Marcos e Lucas são tantos que poderiam ser dispostos em três colunas paralelas, de modo a formar uma sinopse – daí a designação "Evangelhos Sinóticos", a eles atribuída. (FLUSSER, 2002:2)

---

[1] *Jesus*, de David Flusser, é uma importante publicação, datada de 1968, a respeito da história do "Rei dos Judeus". Nela, o autor trata detalhadamente e com rigor histórico documental dos momentos mais decisivos de que temos acesso da vida de Cristo, seja por meio dos Evangelhos, canônicos ou não, ou de documentos escritos pelos primeiros homens da Igreja cristã ou mesmo judeus não-cristãos.

Atentemos, porém, ao fato de que, mesmo sendo essas as fontes mais importantes a respeito do Cristo, a intenção de anunciar as "boas-novas" sobrepõe-se ao caráter histórico do texto, o que é desvelado por algumas lacunas deixadas expostas, por não serem consideradas relevantes ao conjunto da obra, como o caso, por exemplo, de Jesus não figurar como filho biológico de José e pertencer à linhagem do Rei Davi, que tinha como descendente a José e não à Maria, ou de, nos Evangelhos Sinóticos, ser apresentado como fiel observador da Lei de Moisés e, no Evangelho de João, "que estava menos interessado na história" (FLUSSER, 2002:40), nem tanto.

As questões políticas que envolvem a vida de Jesus, no contexto da Galileia e da Judéia, são peça fundamental para a compreensão dessa personalidade que mudou o curso da história humana. E, quando se fala em questões políticas, dado o povo de que falamos, não há uma nítida separação destas com as questões de fé. O povo de Israel não distinguia uma de outra área e o exercício do poder temporal era dos partidos[2] religiosos ligados direta ou indiretamente ao Templo de Jerusalém. Por causa disso,

---

[2] Talvez essa seja uma designação anacrônica, e a escolhemos somente para fazer consonância com o texto de FLUSSER (2002), uma vez que não visualizamos um adjetivo mais adequado para descrever esses grupos religiosos e políticos simultaneamente. Não poderíamos utilizar, por exemplo, facções, uma vez que não havia, de forma estrita uma dissidência da religião judaica. Não poderíamos, da mesma forma, utilizar somente a designação "grupo" pelo caráter essencialmente político e religioso desses agrupamentos. Partido nos pareceu, como ao autor, mais adequado, uma vez que se trata de grupos de pessoas que compartilham de uma mesma concepção política e de interesses políticos em comum, como, hodiernamente, entendemos.

uma designação para a época que nos interessa da história de Cristo é a de "Estado de Templo" (CHEVITARESE, 2006:264), em contraposição a de Estado monárquico, "debaixo de Davi e Salomão" (CHEVITARESE, 2006:264).

A história de Jesus é uma história "arquiconhecida" (FERRAZ, 1998) e, sendo assim e sendo os Evangelhos canônicos fontes históricas importantes para o conhecimento dessa história, ateremos nossa atenção, neste capítulo, aos detalhes políticos da ação de Cristo: seu envolvimento com os partidos que competiam pelo poder místico-temporal, principalmente, fariseus, saduceus e essênios, e a constituição de uma filosofia prática[3], que mais tarde tornar-se-ia a base para a religião do Ocidente medieval: o Cristianismo.

O viés desta dissertação para a interpretação de *O Evangelho Segundo Jesus Cristo* é o viés político do discurso a respeito do Messias. Saramago apropria-se de alguns detalhes da vida do Senhor, que a pesquisa histórica moderna desvelou, para compor seu texto, dando-lhe um caráter direta e indiretamente político. Diretamente, porque toda literatura é política, uma vez que se insere num dado momento histórico e apropria-se de dados da história para dar a ver a própria história, de um ponto de vista diferente e único, formado pela experiência do leitor e pela experiência desvelada pelo texto. O autor do "Quinto Evangelho" (FERRAZ, 1998) apropria-se da vida de Jesus e questiona, na contemporaneidade, os pressupostos religiosos que serviram de base para a construção do Ocidente medieval. Indiretamente,

---

[3] Entendemos, neste contexto, filosofia prática de Cristo como o conjunto de convicções geradas a partir da reflexão sistemática sobre os vários ensinamentos do judaísmo, que serve como conjunto de regras para guiar a ação. A vida de Cristo, e não poderia ser de outro jeito, confirmava, num testemunho prático, o que lhe saía dos lábios como ensinamento.

porque toda literatura é, de alguma forma, uma suspensão da realidade, um construto autônomo de um mundo que não se quer real, que não seja mera reprodução do real, embora, antinomicamente, dependa do real, da história, para fazer sentido.

O Cristo da História – e, aqui, servimo-nos fundamentalmente da obra de David Flusser, *Jesus* (2002), embora haja outras fontes históricas ou literárias de grande importância, como a *Vida de Jesus*, de Ernest Renan[4] – era um homem sábio, um sofista, um mestre, como sobre ele se referem eruditos e, de forma geral, seus contemporâneos.

> (...) Josefo identifica Jesus com os sábios judeus. A palavra grega para "sábio" tem uma raiz comum com o termo grego "sofista", termo este que não possuía então a conotação negativa atual. (...) O autor grego Luciano de Samosata (nascido em cerca de 120 e falecido após 180 d.C.) refere-se similarmente a Jesus como "o sofista crucificado".

> Corroboração externa da erudição judaica de Jesus é fornecida pelo fato de que, muito embora ele não fosse um escriba reconhecido, algumas pessoas estavam acostumadas a dirigir-se a ele como "Rabi", "meu professor/mestre". Deve-se observar, todavia, que segundo as fontes mais antigas, conforme refletido por Lucas, Jesus era chamado de "Rabi" só por estranhos. Aqueles que pertenciam ao círculo íntimo de seus seguidores e os que a ele vinham por

---

[4] Para um comentário sobre esta e outras obras que revisitam a história de Jesus Cristo, recomendamos a dissertação de mestrado de Ronaldo Ventura Souza, orientada pelo Prof. Dt. José Horácio de Almeida Nascimento Costa, cujo título é *O Jesus de Saramago e a Literatura que Revisita Cristo* (2007).

necessidade, chamavam-no "Senhor" (*haadon*). (FLUSSER, 2002:12-4)

Não há registros de sua infância ou mesmo de sua educação, mas o que nos informa o historiador é que ele era filho de um homem detentor de certo conhecimento considerável socialmente, porque, por inferência, podemos dar esta designação a José, esposo de Maria, pois os carpinteiros eram considerados particularmente instruídos na cultura judaica (FLUSSER, 2002:14). Flusser afirma, ainda, que a educação judaica de Jesus era "incomparavelmente superior a de São Paulo" (FLUSSER, 2002:12). Esse fato contribuiu para que ele formulasse sua doutrina do amor a Deus e ao próximo, que nada mais é que uma exegese renovada da Lei de Moisés, confrontando-se em maior e em menor grau com o Judaísmo ou os Judaísmos de sua época, para concordar com Paulo Roberto Garcia, em seu ensaio *Jesus, um galileu frente a Jerusalém: um olhar histórico sobre Jesus e os judaísmos de seu tempo* (CHEVITARESE, 2006:263-78). Além disso, o ambiente judeu dos tempos do Cristo estava passando por uma fase de grande agitação política, como Geza Vermès expressa sumamente:

> Permitam-me fazer um esboço do mundo em que viveu Jesus, na juventude e começo da idade adulta, na primeira e na segunda década do século I. Na distante Roma, Tibério reinava supremo. Valério Grato e Pôncio Pilatos governavam a Judéia. José Caifás era sumo sacerdote dos judeus, presidente do Sinédrio de Jerusalém e dirigente dos saduceus. Hilel e Shamai, os líderes das mais influentes escolas farisaicas, possivelmente ainda estavam vivos e, no curso da vida de Jesus, Gamaliel, o Velho, tornou-se sucessor de Hilel. Não muito longe de Jerusalém, alguns quilômetros ao sul de Jericó, às margens do Mar Morto, os ascéticos essênios cultuavam Deus em sagrado recolhimento e planejavam a conversão do resto do povo judeu ao verdadeiro judaísmo, conhecido somente por eles, os seguidores do Mestre da Justiça. E, no vizinho Egito, em Alexandria, o filósofo Fílon ocupava-se de harmonizar o estilo de vida judaico com a sabedoria da Grécia, sonho cultivado pelos judeus civilizados da Diáspora.
>
> Na Galileia, o tetrarca Herodes Antipas permanecia como senhor da vida e da morte, continuando a alimentar (em vão) a esperança de um dia o imperador pusesse fim à sua

> humilhação, concedendo-lhe o título de rei. Ao mesmo tempo, depois da revolta que se seguiu no cadastramento de contribuintes, ou censo, ordenado em 6 d.C., pelo embaixador da Síria, Públio Sulpício Quirino, Judas, o Galileu, e seus filhos estimulavam as tendências revolucionárias dos violentos nortistas, tendências que resultaram na fundação do movimento zelote. (VERMÈS *apud* CHEVITARESE, 2006:267-8)

Foi toda essa agitação e heterogeneidade da religião judaica que abriu espaço para que Jesus formulasse sua teologia. E a divergência com os demais judaísmos não caracteriza seu movimento como uma revolução religiosa de *per si*, mas um novo olhar sobre a Lei de Moisés e os costumes instituídos a partir das interpretações desta mesma lei.

Alguns tópicos são basilares em sua teologia: a Lei, o amor e o Reino de Deus. Jesus ergue esses três pilares do Cristianismo assimilando e atualizando, de acordo com sua filosofia, preceitos e interpretações presentes no judaísmo de sua época e de épocas anteriores.

Ele disse: "Não penses que vim revogar a Lei ou os Profetas. Não vim revogá-los, mas dar-lhes pleno cumprimento" (Mt 5:17). O único registro em que se tem um relato de que Jesus descumprira a Lei está contido no *Evangelho de João*, quando o Messias mistura saliva à terra e, com o barro, unta os olhos do cego e manda-lhe lavar-se no tanque de Siloé (Jo 9:1-6). Era sábado naquela ocasião e, nesse dia, as únicas curas que eram permitidas exigiam a não utilização de meios mecânicos, somente era possível recorrer à utilização da palavra para curar (FLUSSER, 2002:40). É relevante reafirmar, também, que, dos quatro evangelhos canônicos, o *Evangelho de João* não está preocupado com a fidelidade aos dados históricos, mas com a apresentação de um Cristo querigmático, o que não o torna menos importante que os *Evangelhos Sinóticos*.

> Os três primeiros Evangelhos apresentam um retrato razoavelmente fiel de Jesus como um judeu típico de sua época, e também preservam consistentemente seu modo de falar sobre o Salvador na terceira pessoa. Uma leitura imparcial dos Evangelhos Sinóticos resulta num quadro que é mais característico de um fazedor de milagres e pregador judeu do que de um redentor da humanidade. Este quadro, sem dúvida, não faz justiça ao Jesus histórico e, obviamente,

> não exigiria a experiência da Ressurreição da Igreja póspascal, antes de ser delineado. Uma série de lendas sobre milagres e sermões certamente não pode ser interpretada como constituinte de uma pregação "querigmática" de fé no Senhor ressurrecto e glorificado, como muitos eruditos e teólogos da atualidade sugerem. O único Evangelho que ensina uma cristologia pós-pascal é o Evangelho Segundo São João, e ele é de menor valor histórico que os três Evangelhos Sinóticos. O Jesus retratado nos Evangelhos Sinóticos é, pois, o Jesus histórico, não o "Cristo querigmático". (FLUSSER, 2002:3)

O filho de carpinteiro, pois, não descumpria qualquer preceito legal, mas dava ao seu agir uma justificativa que, oportunamente, servia de mote para um ensinamento a respeito da interpretação que ele mesmo tinha da Lei. Interpretação esta que é posta em evidência no *Sermão sobre a montanha*, do qual transcrevemos um fragmento.

> Não penseis que vim revogar a Lei ou os Profetas. Não vim revogá-los, mas dar-lhes pleno cumprimento, porque em verdade vos digo que, até que passem o céu e a terra, não será omitido nem um só i, uma só vírgula da Lei, sem que nada seja realizado. Aquele, portanto, que violar um só desses menores mandamentos e ensinar os homens a fazer o mesmo, será chamado o menor no Reino dos Céus. Aquele, porém, que os praticar e os ensinar, esse será chamado grande no Reino dos Céus.
>
> Com efeito, eu vos asseguro que se a nossa justiça não ultrapassar a dos escribas e a dos fariseus, não entrareis no Reino dos Céus. (Mt 5:17-20)

Recorrendo à narração de Marcos, em conversa com um escriba, Jesus resume toda a Lei em dois mandamentos, como interpreta Paulo em carta aos Romanos (Rm 13:9):

> Um dos escribas que ouvira a discussão, reconhecendo que respondera muito bem, perguntou-lhe: "Qual é o primeiro de todos os mandamentos?" Jesus respondeu: "O primeiro é: *Ouve, ó Israel, o Senhor nosso Deus é o único Senhor, e amarás o Senhor teu Deus de todo teu coração, de toda tua alma, de todo teu entendimento, e com toda a tua força. O segundo é este: Amarás o*

> *teu próximo como a ti mesmo.* Não existe outro mandamento maior do que este". O escriba disse-lhe: "Muito bem, Mestre, tens razão de dizer que *Ele é o único e que não existe outro além dele, e amá-lo de todo o coração, de toda a inteligência e com toda a força, e amar o próximo como a si mesmo* vale mais do que todos os holocaustos e todos os sacrifícios". Jesus, vendo que ele respondera com inteligência, disse-lhe: "Tu não estás longe do Reino de Deus". E ninguém mais ousava interrogá-lo. (Mc 12:28-34)

O amor é a Lei, ou melhor, a Lei concretiza-se no amor, que é uma das pedras de esquina do edifício teológico da exegese de Cristo. Ele sintetiza a Lei de Moisés nesse mandamento. E essa ação tem sua gênese em uma regra de ouro da época. Jesus captava de toda a religiosidade expressa pelos judaísmos o que convinha à sua doutrina do amor e do Reino de Deus e transformava isso em ensinamento.

> Os temas nos quais a nova sensibilidade no judaísmo se expressava naqueles dias estavam entremeados. Este método dinâmico de interação temática era reconhecível no próprio estilo didático de Jesus. Com sua maneira de ensinar, ele era capaz de integrar os ditos bem como associá-los à rede mais ampla de temáticas judaicas. Clemente de Roma relata que o Senhor disse, "o que fizerdes, será feito a vós". Isto é, como tratares teu semelhante, assim Deus te tratará. Esta é uma variação fascinante da chamada Regra de Ouro, aceita como imperativo moral por muitas nações. Jesus citou esta máxima ao dizer, "Tudo aquilo, portanto, que quereis que os homens vos façam, fazei-o vós a eles, pois esta é a Lei e os Profetas" (Mt 7:12). Entre os judeus, mesmo antes da época de Jesus, esta era considerada uma súmula da Lei inteira. (FLUSSER, 2002:61)

Ele promove, é o que se vê no texto do Sermão sobre a Montanha (Mt 5:1-7:29), uma transposição dos valores judaicos oriundos da Lei. Talvez seu caráter revolucionário estivesse, mormente, na forma como ordenava as ideias de seu tempo, com astúcia didática e retórica. O que se lê nos Evangelhos, numa visada hodierna, não abarca por completo a situação em que o Cristo estava inserido, situação de tensão política pela dominação romana, pelo controle do Templo de Jerusalém, pela proclamação da verdade última acerca do destino do povo judeu.

É nesse contexto que ele proclama a prática do amor e o Reino de Deus. E o Reino, destoando da concepção rabínica, segundo o Cristo, já estava entre o povo.

> Para Jesus e os rabinos o Reino de Deus é ambos, presente e futuro, mas suas perspectivas são diferentes. Ao perguntarem a Jesus quando o Reino de Deus deveria vir ele disse "A vinda do Reino de Deus não é observável. Não se poderá dizer: 'Ei-lo aqui! Ei-lo aqui!', pois eis que o Reino de Deus está no meio de vós" (Lc 17:20-21). Em outra parte disse, "Contudo, se é pelo dedo de Deus que eu expulso os demônios, então o Reino de Deus já chegou a vós" (Lc 11:20). Há, por conseguinte, de acordo com Jesus, indivíduos que já se encontram no reino do céu. Não é exatamente neste sentido que os rabinos compreendem o reino. Para eles, o reino sempre fora uma realidade imutável, no entanto para Jesus havia um ponto específico no tempo em que o reino começou a irromper sobre a terra. "Desde os dias de João Batista até agora, o reino dos céus sofre violência, e violentos se apoderam dele" (Mt 11:12). De acordo com Lucas 16:16 "Todos se esforçam para entrar nele, com violência". As palavras de Jesus baseiam-se em Miquéias 2:13. (FLUSSER, 2002: 84)

O Reino de Deus era a comunidade de pessoas que fazia a vontade de Deus, que seguia a Lei do amor ao próximo. É por essa razão que o escriba apresentado no texto de Mateus 12:28-34, por ter consciência dessas verdades e por concordar com as palavras de Cristo, estava próximo do Reino. A coerência extrema do discurso e da vida de Jesus, concordando uma coisa com a outra, fazia com que a relação entre estes três pilares de sua teologia: o cumprimento da Lei, o amor e o Reino de Deus, fosse indissolúvel e necessária. Além do mais, pelo estado em que vivia o povo da Galileia, oprimido por uma dupla dominação de Roma e da Judéia, Jesus galileu concebeu a necessidade de exercício de uma religiosidade desvinculada do Templo e de convenções políticas criadas por aqueles que detinham o poder na Judéia.

> (...) um olhar histórico sobre Jesus deve enfocar duas dimensões. A primeira dimensão surge na afirmação

> teológica da tradição galilaica, arraigada nas experiências de reciprocidade e defesa no espaço familiar – destacando que há uma profunda releitura sobre a concepção de família no movimento de Jesus –; na concepção da terra como espaço de vida e como herança da dádiva divina – portanto metáfora do Reino de Deus –; e na vivência de uma religiosidade que não se prende a lugares ou ritos, mas acontece no cotidiano da vida e das relações.
>
> A segunda dimensão acontece no enfrentamento aos diversos movimentos que circulavam na Judéia. Alguns movimentos com ênfase em torno dos rituais do Templo – apresentado como a morada de Deus – o qual purificava a todos aqueles que cumprissem os ritos sacrificiais. Outros afirmando uma religiosidade baseada em torno da prática de preceitos legais, que regulavam a vida cotidiana e, assim, aproximariam de Deus os seres humanos habilitados a cumprirem esses preceitos. (CHEVITERESE, 2006:277)[5]

Os movimentos de que fala o fragmento são os partidos referidos já neste capítulo: fariseus, saduceus e essênios. Cada um destes tinha suas próprias convicções acerca da Lei e do destino do povo judeu e lutavam para que sua verdade prevalecesse, pois acreditavam ser essa a única possível.

Os fariseus eram doutores da Lei, reconhecidos pelo povo como rabinos, ligados, voluntariamente, a certos preceitos de pureza e outras obrigações, pois, para eles, era pela liturgia que se alcançava a purificação. Os ataques de Cristo a esse grupo sempre

---

[5] Para compreender melhor a situação política do povo galileu, recomendamos, como um primeiro passo, a leitura do ensaio de Paulo Roberto Garcia, já citado nesta dissertação: *Jesus, um galileu frente a Jerusalém: um olhar histórico sobre Jesus e os judaísmos de seu tempo* (CHEVITTARESE, 2006:263-78).

visavam desmascarar e desmontar sua hipocrisia, manifestada em tradições que eles mesmos imputavam a si e aos outros. Um exemplo disso é explorado e comentado por Flusser:

> (...) Jesus dizia: "Os escribas e fariseus estão sentados na cátedra de Moisés. Portanto, fazei e observai tudo quanto vos disserem. Mas não imiteis as suas ações, pois dizem, mas não fazem" (Mt 23:2-3). Jesus via nos fariseus os herdeiros contemporâneos de Moisés, dizendo que os homens deveriam moldar suas vidas segundo seus ensinamentos. Isso faz sentido, pois muito embora Jesus fosse influenciado indiretamente pelo essenismo, estava fundamentalmente enraizado no judaísmo universal não-sectário. A filosofia e a prática deste judaísmo eram as dos fariseus.
>
> Não seria incorreto descrever Jesus como um fariseu, num sentido *mais amplo*. (FLUSSER, 2002:48)

Por sua vez, os saduceus, que detinham a hegemonia do poder temporal, pois o sumo sacerdote do Templo era um deles: José Caifás, defendiam, não por acaso, que a vida do povo judeu deveria ser conduzida de forma cultual, tendo como centro, local de onde irradia a purificação, o Templo de Jerusalém. Essa hierocracia via-se ameaçada pela figura de Cristo, uma vez que, devido ao estado de dominação da Galileia, que devia recolher de seu povo tributações ao Templo, a filosofia de Jesus ia contra o "Estado de Templo" e em favor de um culto descentralizado, porque, para ele, o Reino de Deus não se fundava num local específico, mas onde estivessem os homens que compunham esse Reino (Mt 12:28; 18:20; 21:43), bem como em favor da libertação galiláica. É por causa disso que os saduceus perseguiram Cristo e os cristãos da Igreja primitiva, porque a existência da filosofia cristã implicava o esfacelo da ideologia[6] saduceia.

Os essênios viviam separados do restante da sociedade, numa vida monástica, pois acreditavam que pelo poder das armas e auxílio divino "herdariam a terra e conquistariam o mundo".

> Originalmente, [os essênios] formavam um movimento revolucionário apocalíptico, que desenvolveu um amálgama ideológico de pobreza e predestinação dupla. Eram os verdadeiros filhos da luz, os pobres divinamente eleitos. No iminente fim dos dias, pelo poder das armas e a assistência das hostes celestiais, herdariam a terra e conquistariam o mundo. Os filhos das trevas – o resto de Israel, os gentios e os poderes demoníacos que governam o universo – seriam então aniquilados. Mesmo que os essênios tivessem atenuado sua ideologia ativista na época de Jesus, tornando-se uma seita mística mais contemplativa, ainda viviam em comunidades de propriedade comum, prezavam extremamente a pobreza e mantinham-se estritamente apartados do resto da sociedade judaica. (FLUSSER, 2002: 69-70)

Com eles, Jesus tinha em comum a crítica à devoção do dinheiro (Mt 6:24), concebido como um obstáculo para a virtude.

> Para ambos, os essênios e Jesus, a pobreza, a humildade, a pureza e a simplicidade não-sofisticada do coração eram as virtudes religiosas essenciais. Jesus e os essênios pensavam

---

[6] Aqui, a palavra "ideologia" está sendo utilizada no sentido de um discurso que se põe para legitimar e fundamentar certa classe ou grupo de pessoas que comungam das mesmas concepções e propósitos políticos.

O tema do amor aos inimigos, também, é uma regra essênica, uma espécie de "humanismo inumano", que não permite a retribuição de um ato de maldade com um ato de maldade, porque acreditavam no dia da vingança do seu Senhor (FLUSSER, 2002:73). O que havia de incompatível entre esse grupo e a filosofia de Cristo era o ascetismo de um e o de outro. A separação dos essênios dava-se no nível social de forma radical, enquanto que a de Cristo restringia-se ao campo ético-político.

Por fim, outro partido que merece menção, por sua importância na época de Cristo é o dos zelotas: um grupo revolucionário armado que se estruturou para tentar libertar Israel do domínio romano, pois acreditava que essa era sua designação, ordenada divinamente, porque seu ensinamento fundamental, que o levou à luta armada, era "a exigência do domínio único de Deus" (FLUSSER, 2002:80). Jesus não poderia concordar com este, pois não compactuava com tais determinações e pregava o respeito às leis dos homens. Como exemplo, podemos recorrer ao relato de sua resposta a alguém que lhe perguntara se era lícito pagar tributos a César: "Dai pois a César o que é de César, e a Deus o que é de Deus" (Mc 12:17).

A vida de Cristo fora conduzida de forma a dar testemunho de sua pregação, ele estabeleceu uma relação de identidade entre o seu discurso ético-político e sua conduta entre os homens. Foi por isso que se encaminhou em silencio para a morte e não recorreu de sua sentença, porque acreditava que "a crucificação não impediria o triunfo de sua causa" (FLUSSER, 2002:141).

Outra consideração importante a ser feita acerca da vida do Jesus histórico é a de que, mesmo sendo as fontes principais acerca da vida do Cristo, os Evangelhos foram escritos, revisados e adaptados às necessidades da fé cristã. É nos Evangelhos que se institui, por exemplo, a primeira imagem de um salvador que ultrapassa os limites da história, a encarnação de uma divindade.

que surgiu no curso da tragédia da crucificação. O próprio Lucas encontrou algumas das personagens dramáticas da crise, descrevendo sua experiência traumática, especialmente na história de Emaús (24:13-35) e no diálogo entre o Senhor ressurreto e seus apóstolos (At 1:1-9). Para que a comunidade neófita e sua nova crença pudessem superar esta crise, uma solução deveria ser encontrada instintivamente. A compensação foi enfatizar o caráter divino do Cristo e o significado cósmico de sua tarefa. Dessa forma, passou a existir um drama metahistórico, apresentando a encarnação do Cristo preexistente, a sua morte na cruz, a ressurreição e o retorno ao seu Pai celestial, até seu advento impressionante como o juiz escatológico. A segunda revolução subseqüente ocorreu quando Paulo ainda pregava e ensinava sobre a nova fé. Durante este período, nasceu a Igreja gentia e as relações formais entre o Cristianismo e o Judaísmo começaram a desatar-se. Esta segunda revolução abasteceu o desenvolvimento cristológico. (FLUSSER, 2002:141-2)

É desse desenvolvimento cristológico que nos ocuparemos no próximo capítulo: a formação de uma Teologia cristã no contexto da Igreja primitiva. Foi a partir dos discípulos evangelistas e de Paulo, em consequência das duas revoluções citadas no fragmento anterior, que se operou a mitificação da figura de Cristo.

2. CONTEXTO DE FORMAÇÃO DA IGREJA E DA TEOLOGIA CRISTÃ

> A moeda velha volta a ser posta a uso
> com novo cunho. (Fílon)

Tomando por base a perseguição feita aos cristãos após a morte de Cristo pelo Império Romano principalmente, os primeiros escritos da nova religião tiveram como motivação sua defesa e a construção de uma Teologia que correspondesse às aspirações universalistas do novo credo. E o sucesso dessa investida, conforme tratado por W. Jaeger em seu *Cristianismo Primitivo e Paidéia Grega* (1991), deu-se, essencialmente, pela helenização da doutrina que, então, constituía-se e que, num futuro próximo, viria a ser a religião oficial do Ocidente. A oficialização do Cristianismo como religião do Império fora somente o reflexo de um trabalho intelectual e político árduo e constante efetuado pelos primeiros padres da Igreja.

Vale ressaltar, neste primeiro momento, que a cultura grega era hegemônica no mundo pós-clássico, de dominação romana (JAEGER, 1991). A língua de comunicação do Império, que se estendia por "toda a região desde as Colunas de Hércules, o atual Gibraltar, até os rios Tigre e Eufrates, da Britânia até o Reno, o Norte da África, tudo isso e mais a região do Danúbio" (DREHER, 2007:10), era a grega, o *koinê diálektos*. O próprio termo *hellenismos* tem como significado original o uso correto da língua grega. Por essa razão é que Paulo de Tarso visava o mundo grego clássico como alvo final do Cristianismo (JAEGER, 1991). Era a língua da filosofia de Platão que deveria ser empregada nas formulações em defesa do novo credo. E a Paidéia Cristã deveria funcionar como a superação da Paidéia Grega[7].

Dessa forma, a apropriação da cultura grega por meio da helenização do Cristianismo foi uma grande e acertada manobra política da Religião para conquistar o seu espaço no Ocidente, ou melhor, para conquistar o espaço do Ocidente, como território de sua dominação futura. Este é o viés que Saramago dá a sua história, o político, o que se escondeu por trás da construção da figura de Cristo, operado por toda a Idade Média, desde os primeiros padres da Igreja até pensadores como Rousseau, Kant e Hegel, como demonstra Roberto Romano na apresentação da edição brasileira da obra de D. Flusser: *Jesus* (2002).

A Idade Média ocidental apresenta-se como prova do sucesso da empreitada posta aos primeiros pensadores cristãos. O Cristianismo não veio a ser somente a religião do Império, tornou-se a religião oficial de todo o Ocidente medieval, apropriando-se do reino espiritual e temporal dos povos que ali habitavam, por mais de dez séculos. É por essa razão que Jacques Le Goff (2008) refere-se a esse tempo como o da era do reinado de Deus na terra.

Os mecanismos desta virada de posição, de grupo perseguido para grupo hegemônico, são evidenciados pela adoção dos modelos literários, da língua e da retórica gregas, além de uma gama de elementos da própria cultura helênica – pela helenização do Cristianismo, como já explicitado. Para se ter uma ideia do nível de envolvimento dessas duas culturas, pode-se comparar termos comuns para ambas, como, por exemplo, *ekklesia*, que no mundo cristão denomina igreja e no mundo grego, assembleia dos cidadãos

---

[7] Para um estudo mais aprofundado do que vem a significar o termo Paidéia, recomenda-se a leitura das obras *Paidéia: a formação do homem grego* (2003) e *Cristianismo Primitivo e Paidéia Grega* (1991), ambas de W. Jaeger.

de uma *polis*, ou mesmo *conversão*, que é um termo platônico[8]. W. Jaeger fala, ainda, que a unidade da Igreja é um ideal da *polis* grega (1991:36).

Mesmo sendo muito difícil, naquela época, algum judeu, que habitava a Palestina, dedicar-se ao aprendizado de outro idioma, os hierosolimitas que moravam fora dela, num meio helenizado, por todas as cidades do Império, rapidamente, aprenderam o grego como língua oficial e, com a morte de Estêvão, espalharam-se por toda a palestina iniciando "as atividades missionárias da geração seguinte" (JAEGER, 1991:18). Ainda, o autor diz mais:

> O nome da nova seita, *Christianoi*, teve origem na cidade grega de Antioquia, onde estes judeus helenizados encontraram o primeiro grande campo de atividade para a sua missão cristã. O grego era falado nas *synagogai* por todo o Mediterrâneo, como se torna evidente pelo exemplo de Fílon de Alexandria, que não escreveu o seu grego literário para um público de gentios, mas para os seus compatriotas judeus altamente educados. Não teriam desenvolvido um grande séquito de prosélitos gentílicos, se eles não fossem capazes de compreender a língua falada no culto judeu, nas sinagogas da dispersão. (JAEGER, 1991: 19)

Os primeiros discursos feitos pelos homens de voz do Cristianismo eram dirigidos, como acertado na citação, aos homens de alta cultura, educados na língua e literatura gregas, aos chefes de Estado, aos poderosos. Por essa razão é que Le Goff elucida ser a primeira geração de santos da Igreja composta por homens de alto poder temporal (LE GOFF, 2007:22), foram eles os alvos das

---

[8] Conferir W. Jaeger (1991: 23).

primeiras pregações – está claro que por uma questão de necessidade de sobrevivência da religião então perseguida.

Ensinar – e esta é a palavra adequada à proposta teórica de W. Jaeger (1991) – ao homem o caminho da salvação da alma era a principal tarefa dessa nova *Paidéia*, metamorfoseá-lo, trazê-lo a um novo nascimento, o do espírito, como o que Jesus pregou a Nicodemos (Jo 3:3). Tudo isso fazia e faz parte do programa de evangelização da Igreja dos tempos primitivos e dos modernos. Todavia, o respaldo para o livre exercício da atividade missionária deveria ser conquistado na arena política e esta foi a primeira grande manobra dessa natureza da instituição que se vinha formando: acampar-se dos elementos de cultura grega e convertê-los ou adaptá-los aos interesses do Cristianismo para convencer os próprios perseguidores das "verdades" evangélicas. Aí se aplicam os dizeres de Paulo na primeira carta aos Coríntios:

> Ainda que livre em relação a todos, fiz-me o servo de todos, a fim de ganhar o maior número possível. Para os judeus, fiz-me judeu, a fim de ganhar os judeus. Para os que estão sujeitos à Lei, fiz-me como se estivesse sem a Lei – se bem que não esteja sujeito à Lei –, para ganhar aqueles que estão sujeitos à Lei. Para aqueles que vivem sem a Lei, fiz-me como se vivesse sem a Lei – ainda que não viva sem a lei de Deus, pois estou sob a lei de Cristo –, para ganhar os que vivem sem a Lei. Para os fracos, fiz-me fraco, a fim de ganhar os fracos. Tornei tudo para todos, a fim de salvar alguns a todo custo. E, isto tudo, eu o faço por causa do evangelho, para dele me tornar participante. (1Co. 9:19-23)

O apóstolo, quando escreve isto, dá a liberdade e a abertura necessárias para que os primeiros cristãos apropriem-se de outra cultura, no caso a grega, hegemônica, para conquistar o mundo que a ela se submete. Também, o tornar-se mais claro a povos helenizados exige uma helenização do próprio discurso. Foi esse o meio apropriado que os cristãos primitivos encontraram para fazer serem ouvidas suas vozes no Império.

Entretanto, vale ressaltar, o Cristianismo não foi o primeiro a imiscuir-se com a cultura helenizada do Império Romano. A liberdade religiosa, que lá havia, permitia a manifestação de várias outras comunidades místicas, como, por exemplo,

> Já na época imediatamente posterior a Alexandre Magno (356-323 a.C.), deparamo-nos com uma invasão de *cultos egípcios e orientais* na Grécia (...). Com os sucessores dos gregos, os romanos, o ingresso dos cultos orientais na região do Mediterrâneo Alcançou o seu ponto culminante, principalmente no século III. Da Frigia vieram os cultos de *Cibele*, a grande mãe, e de *Attis*; posteriormente nos deparamos com os cultos de *Isis e Osíris*, provenientes do Egito. Os *Baalins* da Síria, com os quais nos deparamos constantemente no Antigo Testamento, foram trazidos por soldados, comerciantes e escravos. No fim do século I, após o nascimento de Cristo, o culto de *Mithras* penetrou no Império e alcançou o seu auge no século III, vindo a ser o grande concorrente da fé cristã. O dia do nascimento do deus Mithras é 25 de dezembro, data para a qual, mais tarde, o Imperador Constantino transferiu a festa do nascimento de Jesus. (DREHER, 2007:12)

Antes mesmo do Cristianismo, o Judaísmo era tido como religião oficialmente tolerada no Império. Nas palavras do historiador Martin Dreher:

> No ano de 37 a.C., *Herodes* (...) caiu nas graças dos romanos. Obteve reconhecimento oficial da religião judaica, que passou a ser *relígio lícita*, i.e., religião oficialmente tolerada pelos romanos. Tal titulação, além disso, isentava seus adeptos de prestarem culto às divindades oficiais do Império. (2007:14)

E é do Judaísmo, com algumas adaptações, que surge o Cristianismo. Os seguidores desta nova religião, não esperavam mais o salvador anunciado pelo profeta Isaías, esperavam a volta do Jesus ressurreto. Eles guardavam a prática do jejum por duas vezes na semana, alterando os dias oficiais judeus, que eram nas segundas e quintas-feiras, para quartas-feiras (dia da prisão de Jesus) e sextas-feiras (dia da crucificação). Guardavam os preceitos da Lei judaica, mas reuniam-se para dividirem o pão, numa espécie de culto particular, autodenominando-se "os santos", eram a *ekklesia* de Jesus. Ora, "o judaísmo tolerava muitos grupos, muitas 'heresias'. A única condição que lhes impunha era que aceitassem, incondicionalmente, a Lei, a Torá" (DREHER, 2007:20).

Práticas como o batismo nas águas, executado por João e vaticinados pelo profeta Isaías (Mc 1:2-4), foram re-significadas, substituindo o chamado pessoal de Jesus, que ali não poderia mais estar, ao discipulado. E mesmo essa ação de tentativa de conversão universal é herança judaica, porque tanto esta quanto o Cristianismo são religiões de tendências universalistas e universalizantes. Isaías assim o declara:

> Põe-te em pé, resplandece,
> porque tua luz é chegada,
> a glória de Iahweh raia sobre ti.
> Com efeito, as trevas cobrem a terra,
> a escuridão envolve as nações,
> mas sobre ti levanta-se Iahweh
> e sua glória aparece sobre ti.
> As nações caminharão na tua luz,
> e os reis, no clarão do teu sol nascente.
> Ergue os olhos em torno e vê:
> todos eles se reúnem e vêm a ti.
> Teus filhos vêm de longe,
> tuas filhas são carregadas sobre as ancas.
> Então verás e ficarás radiante;
> o teu coração estremecerá e se dilatará,
> a ti virão os tesouros das nações.
> Uma horda de camelos te inundará,
> os camelinhos de Midiã e de Efa;
> todos virão de Sabá,
> trazendo ouro e incenso
> e proclamando os louvores de Iahweh.
> (Is 60:1-6)

A religião judaica tendia a acampar-se cada vez mais de um número maior de prosélitos, daí seu caráter missionário, daí as críticas que Jesus dirigiu aos escribas e fariseus: "ai de vós, escribas e fariseus, hipócritas, que percorreis o mar e a terra para fazer um prosélito, mas, quando conseguis conquistá-lo, vós o tornais duas vezes mais digno da Geena do que vós!" (Mt 23:15).

O que se pode notar é que o Cristianismo não é uma religião que partiu do nada e fez-se influência forte no Império, é uma nova doutrina que surge das tensões políticas existentes e sendo exercidas tanto no Império Romano quanto na Judéia. Muito do que tem de características é a fusão de elementos judaicos com elementos da cultura helenística. Muitas das oportunidades de difusão entre os povos é herança da popularização do Judaísmo ou da propagação de judeus helenizados pelo Império.

Quando do nascimento de Cristo, a tensão política em Jerusalém, como referida no capítulo anterior, era grande. Alguns partidos político-religiosos, porque não há separação entre uma e outra coisa entre os contemporâneos de Jesus, defendiam pontos de vista diversos acerca da vida do povo judeu (DREHER, 2007): os *saduceus*, grupo elitista, que, liderado por uma família de sacerdotes, defendiam a execução da vida de forma cultual; os *zelotas*, que surgiram de um grupo que se opunha aos *saduceus*, fundados num apocalipsismo, defendiam que a vida religiosa fosse concretizada fora da vida cultual, acreditando que Deus um dia provocaria a grande mudança na história do povo judeu; os *fariseus*, o grupo mais importante, compunham um movimento reformista que almejava a obrigação do cumprimento, ao pé da letra, da lei mosaica, a Tora – almejavam "um judaísmo decidido" –; e os *essênios*, que viviam uma vida monástica e não admitiam contato com mulheres.

Daí não é difícil perceber o caráter altamente político da atividade revolucionária de Jesus e de seus discípulos, acarretando a fundação de uma nova religião. Não se pode separar o Cristianismo da política, porque a sua gênese encontra-se num contexto altamente político, tanto na Palestina quanto no Império. JAEGER (1991), DREHER (2007) e outros mais afirmam o caráter político que a religião tinha assumido no Império Romano e o desafio em que isso se tornaria ao Cristianismo:

> Para uma grande parte desta classe de gente [pessoas de educação superior], a resistência ao Cristianismo não era sobretudo um problema religioso interno nem uma fé positiva, mas uma questão cultural. A tradição da sua educação clássica tornara-se para eles uma religião e tinha bastante poder, uma vez que muitos deles eram homens que ocupavam as posições mais elevadas no Estado e na sociedade. (JAEGER, 1991:95)

> Entre as pessoas mais cultas do Império, o movimento helenista com seu sincretismo religioso levara a uma espécie de ateísmo. Para elas, a filosofia veio a ocupar o lugar da religião. Dificilmente, porém, as pessoas cultas falavam abertamente de sua incredulidade, evitando romper com a crença de seu povo e com os deuses nacionais.

> Assim, nos primórdios do Cristianismo, nós nos deparamos entre as classes cultas romanas com o fato de que religião para elas não era mais uma convicção pessoal, mas um dever de todo cidadão. Este dever civil era cumprido através de sacrifícios no templo. Aqui não há lugar para a "fé". Assim, podemos facilmente chegar à conclusão de que, enquanto os deuses ainda eram vistos como algo pertencente à ordem política, enquanto isso ainda era um valor, então o sacrifício cultual aos deuses ainda tinha seu valor. (DREHER, 2007:13)

Partindo dessas citações, justificamos serem os grupos superiores da sociedade imperial os primeiros alvos das escrituras cristãs. Criar uma Teologia nova, em linguagem compatível com a desses grupos sociais, tornou-se o primeiro desafio da nova religião. Clemente de Alexandria (cerca de 150 a 215 d.C.) e Orígenes (185 a 253 d.C.) são os nomes a que damos destaque nesta exposição, os fundadores dessa nova Teologia.

Clemente de Alexandria era um professor e educador na Igreja cristã primitiva. Com formação helenística, combinava a filosofia grega e a defesa à fé do Cristianismo, pois acreditava que, assim "como a Lei formou os hebreus, a filosofia formou os gregos para o Cristo" (GOMES, 1979:136), o *Logos* encarnado. Sendo Jesus a própria razão, sua humanidade histórica passa então a ser diluída numa universalidade etérea. O ser de Cristo, sua essência, é o absoluto, o perfeito conhecimento revelado, o *Pedagogo* da *Paidéia* cristã. Das obras de Clemente de Alexandria, restam a *Exortação aos gregos* ou *Protréptico* (obra de apologia), o *Pedagogo* (instruções catequéticas), as *Tapeçarias* ou *Stromata* (sobre vários assuntos) e o *Hino ao Cristo Salvador*, com o qual dá conclusão ao *Pedagogo*.

A eficácia do discurso montado por esse padre deu-se pela popularidade das religiões de mistério, tema pelo qual se interessava a filosofia grega de então (JAEGER, 1991:78). Ele era considerado um "cristão gnóstico", pois assumiu o cuidado de elevar-se espiritual e intelectualmente na direção de um conhecimento completo e oculto, a *gnosis*. Afirmava, em consonância com o seu discípulo, Orígenes, haver dois caminhos para a salvação: a fé, para as massas, e o caminho esotérico e místico, para os filósofos, o que desafiava a ortodoxia e fazia com que esse conhecimento esotérico trouxesse problemas internos e externos à Igreja, pela oportunidade que dava à formação de seitas gnósticas não-cristãs[9].

No *Protréptico* ou *Exortação aos Gregos*, o padre levanta uma polêmica contra as religiões pagãs de mistério, exalçando o Cristianismo e o Cristo como únicas verdades transcendentes. Os elementos de sua retórica são os elementos da cultura grega. Seu público é o homem helenizado de educação superior. Para uma mostra do que se diz, transcrevemos, aqui, um fragmento do capítulo doze de seu escrito.

> Fujamos do costume, como de um promontório difícil, como da ameaça de Caribdes ou das Sereias da Fábula. Ele sufoca o homem, desvia-o da verdade, afasta-o da Vida, é uma rede, um abismo, um precipício, um mal devorador:
> "Para longe dessa fumaça, para longe dessas vagas afasta teu navio".
> Fujamos, marujos companheiros meus, fujamos das ondas que vomitam fogo: há nelas uma ilha do mal onde se amontoam ossos e cadáveres; há nelas uma cortesã a cantar voluptuosamente, tentando seduzir-vos com sua música:

---

[9] Ver o verbete "Gnosticismo" no *Dicionário de Filosofia de Cambridge* (AUDI, 2006:431) para uma visão mais panorâmica da situação comentada.

"Vem até cá, célebre Ulisses, orgulho dos helenos, pára teu navio a fim de ouvires uma divina voz".
Ela te atrai, ó navegante! E recordando teu renome, procura, como prostituta, encantar aquele que é o orgulho de gregos. Deixa-a fazer sua presa entre os cadáveres! O Sopro celeste te auxilia! Passa ao largo da volúpia enganadora:
"Que uma mulher não vá, com seus atavios no corpo, fazer-te desfalecer; seu palavreado adulador nada quer mais que tua riqueza".
Impele o navio para além desse canto, que gera a morte. Basta desejares e vencerás a ameaça que paira sobre ti. Preso ao lenho, estarás livre da corrupção; o Logos de Deus será teu piloto, o Espírito Santo te fará aportar nos ancoradouros dos céus, lá onde tu contemplarás meu Deus, lá onde serás iniciado em seus santos mistérios e gozarás de bens celestes e arcanos, desses bens que nos são reservados e dos quais "o ouvido não ouviu, o desejo não ascendeu ao coração do homem". (GOMES, 1979:136-7)

A referência à *Odisseia* não é por mera coincidência, Clemente utilizou-se do meio de que dispunha para divulgar de forma eficiente e eficaz a verdade que tinha acerca do *Logos* divino. Com ele, tem-se início o que JAEGER (1991) chama *Paidéia* cristã. Sendo Cristo o *Logos* divino, elemento central dessa nova *Paidéia*, a clássica, então, tende a ser superada, servindo basicamente de instrumento para essa transição (JAEGER, 1991:26).

O ideal de Clemente é o de edificar a Igreja com uma unidade política de Estado. Sua convicção é a de que "a religião cristã, se quiser formar uma verdadeira comunidade, requer uma disciplina interna semelhante a dos cidadãos de um Estado bem organizado, permeado por um espírito comum a todos" (JAEGER, 1991:32). Clemente de Alexandria introduz o pensamento político e filosófico grego nas suas estratégias de convencimento religioso, uma vez que acreditava não terem sido suficientes os apelos emocionais à Igreja primitiva.

A concepção orgânica da sociedade que ele vai buscar ao pensamento político grego adquire nas suas mãos um sentido quase místico, quando a interpreta à sua maneira cristã como a unidade do corpo de Cristo. Esta ideia mística da Igreja, que brota de Paulo, Clemente enche-a com a sabedoria da experiência política e especulação gregas. (JAEGER, 1991:34)

Entretanto, não se queira que a voz de Clemente não suscitasse oposição dentro da *Ekklesia*. Tertuliano (cerca de 155 a 240 d.C.), por exemplo, advogado em Roma e convertido ao Cristianismo por volta do ano de 195, embora apoiado em seus predecessores greco-cristãos, não compartilha com eles da opinião de que seja o Cristianismo uma filosofia; ele "faz uma distinção nítida entre a fé da religião cristã e a filosofia como mera atitude racional e vê na superioridade da fé sobre a razão precisamente o seu caráter supra-racional" (JAEGER, 1991:51). Outro exemplo tem-se em Taciano,

> que escrevia em grego como todos os outros e que possuía uma cultura grega, mas que não acreditava nela. Reprovava violentamente a direcção que a corrente cristã do seu tempo tomava; advertia os cristãos de que o futuro da sua causa não se encontrava na sua assimilação gradual à cultura grega, mas dependeria inteiramente de eles a manterem imaculadamente pura como um culto bárbaro. (JAEGER, 1991:53)

Essa dissonância interna à Igreja exterioriza-se quando, séculos após a morte de Cristo, as tradições helênicas e cristãs encontram-se face à face. Os apologistas abriram as portas da Igreja à cultura e à tradição gregas e, a partir daí, deram suporte ao surgimento dos pensadores do Cristianismo primitivo.

> Não era, pois, inaudito que, dois séculos depois, as tradições helênica e cristã se encontrassem face a face nesta encruzilhada da história. Até então, tinham vivido no mesmo meio num estado de hostilidade não declarada e só ocasionalmente tinham trocado pontos de vista e argumentos. Essa troca viria a ser mantida a uma escala mais ampla daí em diante, mas num nível superior, como é patente nos exemplos mais famosos dessa grande controvérsia entre eruditos gregos e cristãos no século III, *Contra Celsum*, de Orígenes, e a grande obra do neoplatônico Porfírio, *Contra os Cristãos*. (JAEGER, 1991:56)

A TRINDADE PROFANA DE SARAMAGO

Orígenes, nascido no Egito, era teólogo e biblista cristão da igreja de Alexandria, foi o primeiro e escrever uma teologia cristã mais sistemática da Igreja primitiva, no seu *Sobre os Princípios*, e "*Contra Celso* (...) é a primeira obra de fôlego da apologética cristã" (AUDI, 2006:688). Seu método alegórico de exegese bíblica considerava três níveis de sentido, como são três as partes da natureza humana – corpo, alma e espírito –: "o primeiro era o sentido histórico, suficiente para pessoas simples; o segundo era o sentido moral; e o terceiro era o sentido místico, acessível somente às almas mais profundas" (AUDI, 2006:688).

O título de fundadores da Filosofia cristã recai sobre Orígenes e seu mestre, Clemente de Alexandria. Sobre o pensamento teológico em si, Jaeger afirma o seguinte:

> (...) não era a teologia como tal que era nova no pensamento filosófico dos Alexandrinos. Novo era o facto de a especulação filosófica ser por eles utilizada em apoio de uma religião positiva, que não era por si o resultado de busca humana independente da verdade, como as anteriores filosofias gregas, mas tomava como ponto de partida uma revelação divina contida num livro sagrado, a Bíblia. (JAEGER, 1991:67)

O pensamento do mestre é absorvido e desdobrado pelo discípulo, a *Paidéia* cristã é fundada como superação da *Paidéia* grega. O *Logos* divino, ideia central da nova *Paidéia*, o Cristo, transcende qualquer limitação material e possibilita a união de todos os homens na comunidade cristã, é possível a formação de uma unidade política de Estado, conforme visualizada por Clemente.

> A ideia grega de unidade futura da humanidade sob a paidéia grega (...) tornara-se uma realidade após a conquista do Oriente por Alexandre. Ao tomar esta cultura internacional por base, o Cristianismo tornava-se agora a nova paidéia que tinha por fonte o próprio Logos divino, o Verbo que criara o mundo. Gregos e bárbaros eram igualmente seus instrumentos. (JAEGER, 1991:87)

O Jesus histórico perde-se na construção dessa nova teologia, suas referências humanas são relegadas a um lugar inferior em relação à importância do conhecimento esotérico que advém de sua interpretação alegórica. A partir desses pensadores e dessa nova teoria a respeito de Deus e do mundo, a Igreja católica acampar-se-á da autoridade política e religiosa de todo o Ocidente medieval. O Cristo histórico, o "filho do homem", vai-se para dar lugar a uma nova criatura completamente mitificada.

3. IRONIA, PARÓDIA E METAFICÇÃO HISTORIOGRÁFICA

> (...) O meu livro, recordo-lhe eu, é de história, Assim realmente o designariam segundo a classificação tradicional dos géneros, porém, não sendo propósito meu apontar outras contradições, em minha discreta opinião, senhor doutor, tudo quanto não for vida, é literatura, A história também, A história sobretudo (...).
> (Saramago, *História do Cerco de Lisboa*)

> O segredo da Verdade é o seguinte: não existem fatos, só existem histórias.
> (João Ubaldo Ribeiro, *Viva o Povo Brasileiro*)

3.1. A IRONIA

Determinar o que seja ironia no universo romanesco de *O Evangelho Segundo Jesus Cristo* consiste, num primeiro momento, considerando as aspirações deste trabalho, em estabelecer as relações dialógicas entre a obra e as fontes bíblicas, uma vez que toda obra de arte literária é produzida a partir do material cultural elegido pelo autor – noção que já tornada senso comum entre os estudantes de literatura.

Entretanto, antes de fazer o que se propõe, admitamos ser a antinomia, e não a contradição, a matéria-prima da ironia[10]. Não afirmamos aqui que a ironia não possa apresentar-se em forma de contradição, mas que ela não pode apresentar-se de forma não-paradoxal. Em sua velha definição: "dizer uma coisa e dar a entender o contrário" (MUECKE, 1995: 48), isso é posto categoricamente.

Ao abordarmos a ironia em *O Evangelho Segundo Jesus Cristo*, consideramos o fato de que todo texto literário é composto de material cultural selecionado pelo autor. Tomemos a afirmação de Aristóteles, na *Poética*, de que a poesia – estendendo isso ao discurso ficcional – é algo mais filosófico e mais sério que a história por não narrar o que foi, mas o que poderia ter sido (ARISTÓTELES,

---

[10] Lembremo-nos de que contradição e antinomia (paradoxo) possuem sentidos distintos: "em sentido frequente do termo, uma frase ou uma proposição diz-se ser uma contradição quando, por um lado, é falsa, e, por outro, a sua falsidade se deve, de algum modo, a fatos de natureza puramente lógica, semântica ou conceptual. (...) Desse modo, qualquer frase que seja uma contradição é necessariamente falsa, ou uma auto-inconsistência (...)" (BRANQUINHO; MURCHO; GOMES, 2006: 210). "O termo 'paradoxo' começou por significar 'contrário à opinião recebida e comum', mas as acepções díspares em que tem sido usado pela tradição lógica e filosófica não permitem identificar um conjunto de características ou de termos suficientemente coerentes para tornar esclarecedora uma definição geral. As idéias de conflito ou de dificuldade insuperável parecem acompanhar de maneira estável a idéia de paradoxo, mas, para além de demasiado gerais, podem servir também para caracterizar 'antinomia' (que originalmente significava conflito entre duas leis) ou 'aporia' ('caminho sem saída')" (BRANQUINHO; MURCHO; GOMES, 2006: 573).

2003:115-6). Lembremos o processo de desauratização por que passou a obra de arte em geral, processo explicitado por Benjamin em seu ensaio sobre o cinema (BENJAMIN, 2002), quando ela, incluindo aí o romance, perde seu caráter mágico-religioso e assume, na sociedade moderna, um caráter político. Havemos, assim, de propor um caráter irônico (antinômico) a todo e qualquer texto literário, uma vez que ele se quer autônomo em relação à sociedade sendo parte dela, ou melhor, o texto literário põe-se fora estando inserido em seu próprio contexto de produção e difusão.

No caso de *O Evangelho Segundo Jesus Cristo*, o paradoxo é exposto pelo trato que o autor dá ao relato. O diálogo, nessa obra, não é somente estabelecido entre o texto e a história, mas entre, também, outros textos que formaram, de certa maneira, essa mesma história. A referencialidade, mais complexa então, funciona como uma equação que toma os Evangelhos canônicos (EC), a Cristandade e *O Evangelho Segundo Jesus Cristo* (ESJC), pondo-os da seguinte forma:

$$\text{EC} \xrightarrow[\text{1}]{\overset{\textstyle 2}{\text{CRISTANDADE}}} \text{ESJC} \quad 3$$

Consideremos esses três elementos numerados. Suponhamos que negar o elemento 1 seria o mesmo que afirmar o 3, dadas as intenções distintas e mesmo opostas de seus autores, sob os aspectos de 2 – rememorando que o desenvolvimento do Ocidente medieval deveu-se, em grande parte, à ação da Igreja –, sendo 2 fruto de uma ação real interpretativa de 1. Por sua vez, seguindo uma suposição oposta, afirmar o elemento 1 seria o mesmo que negar o 3 e, de certa forma, justificar o que se fez de 1 em 2. Em outros termos: afirmar 1 justifica 2 e nega 3, e afirmar 3 nega 1 e justifica inversamente 2[11].

Entretanto, considerando tanto os Evangelhos canônicos como *O Evangelho Segundo Jesus Cristo* relatos ficcionais da história de Cristo, mesmo que baseados em dados históricos concretos, não se pode atribuir valor de verdade a qualquer um dos dois – essa ação contraria a própria natureza do texto ficcional, que não admite uma determinação de verdade como a dos textos científicos[12]. Nessas condições, toda obra ficcional é constituída de antinomia, uma vez que só pode ser verdadeira se falsa e o inverso disso. Assim, nas duas suposições formuladas anteriormente, o elemento 2 resta sem qualquer justificativa real senão ficcional, e essa justificativa ficcional funciona somente como um disfarce do motor de todo o processo histórico compreendido nesta análise: o que Saramago denominou "Fator Deus"[13], a ideologia empregada para autorizar os

---

[11] As ações de afirmação e negação dizem respeito às exegeses possíveis de cada um dos textos e os reflexos políticos dessa ação interpretativa no âmbito do Ocidente medieval.

[12] Com relação a esse assunto, Anatol Rosenfeld afirma: "O termo 'verdade', quando usado com referência a obras de arte ou de ficção, tem significado diverso. Designa com freqüência qualquer coisa como a genuinidade, sinceridade ou autenticidade (termos que em geral visam à atitude subjetiva do autor); ou a verossimilhança, isto é, na expressão de Aristóteles, não a adequação àquilo que aconteceu, mas àquilo que poderia ter acontecido; ou a coerência interna no que tange ao mundo imaginário das personagens e situações miméticas; ou mesmo a visão profunda – de ordem filosófica, psicológica ou sociológica – da realidade" (ROSENFELD, 1998: 18).

[13] Saramago, em escrito publicado no jornal *Folha de São Paulo*, em 19 de setembro de 2001, também faz menção à questão ideológica que se esconde por trás da imagem do Criador ao tratar do "fator Deus" na

desmandos da Igreja católica no Ocidente medieval. Nesses termos, a ironia reside no fato de nem 1 e nem 3 negarem a justificação de 2, de essa negação apresentar-se na justificação aparente e no diálogo entre 1 e 3, que é estabelecido, basicamente, pela paródia.

São nesses temos que não só o texto literário como qualquer discurso poderá ser enquadrado na análise da ironia. Faz-se necessária uma restrição conceitual: tomemo-la então como jogo verbal – por tratarmos aqui de obra de arte literária – fundamentado na imaginação poética – sua verve paradoxal –, que não aspira a uma síntese concreta, mas tensiona os contrários, abrindo possibilidades interpretativas infindáveis, como infindáveis serão os contextos de leitura da própria obra e de seus leitores. Assim, quando é posto no texto o conteúdo irônico, o que se intenta não é somente dizer o contrário do que se expõe, mas abrir o caminho interpretativo a inumeráveis possibilidades de exegese. A respeito do assunto afirma Maurício Lemos Izolam:

> A ironia expõe a constituição inacabada do conhecimento do homem diante da abertura da experiência, (...) não procura o esgotamento das possibilidades do ser, mas apresenta a própria inesgotabilidade desta experiência. (...) Ler o universo ficcional arquitetado ironicamente exige (...) a compreensão da representação do mundo do homem na linguagem da contradição e do paradoxo que não se mostram em sua totalidade e inteireza, exigindo, por isso, a leitura do silêncio (...) do texto e da vida como jogo irônico de ficção e realidade. (IZOLAM, 2006:67-8)

---

cultura: a recorrência à autoridade de origem divina para justificar os mais atrozes atos, que, mais que satisfazer uma vontade religiosa, contribuem para o exercício do poder.

Cada um dos elementos citados no fragmento assume um papel específico dentro do jogo irônico. Autor, obra, leitor e contexto funcionam como pontos pelos quais se pode partir ao exercício interpretativo do todo. Do diálogo implícito entre essas quatro dimensões é que são construídas as visões que se tem da realidade referida no texto e o próprio conhecimento do processo histórico, uma vez que a arte funciona como esclarecedora deste.

O texto literário representa e reinterpreta a história. O leitor, assim, ciente dessa possibilidade – porque todo o texto é possibilidade só consolidada pelo amálgama das dimensões arroladas no parágrafo anterior –, deve apreender o dito, o que se mostra, pelo não-dito, o que se vela, e harmonizar as tensões propostas no texto, que são os paradoxos próprios da ironia. Só assim se poderá perceber o jogo apresentado na obra e o que ele representa no mundo.

No diálogo entre autor, texto, leitor e contextos – a obra em seu momento de criação e seus vários momentos de leitura –, a configuração de uma exegese completa ou plena, porém, extingue-se em possibilidades: a totalidade só é apreensível em parte, o que se produz em cada leitura e nova interpretação é sempre um caminho feito e rarefeito numa multiplicidade leituras possíveis, de acordo com a configuração histórica dos momentos de criação do texto.[14]

As possibilidades criativas oferecidas apresentam a contingência da realidade social, o que é certo não o é, pois também é possibilidade. O que, no mundo, é problema, no texto, torna-se

---

[14] Bakhtin atribui a função autoral também ao leitor, podendo este ser denominado, então, como autor-contemplador: "O todo estético não é algo para ser vivido, mas algo para ser criado (tanto pelo autor como pelo contemplador; sendo nesse sentido que se pode dizer, com certo exagero, que o espectador vive a atividade criadora do autor), apenas o herói deve viver (...)" (BAKHTIN, 2000:83).

solução estética; o que é dúvida, no texto, torna-se certeza. O autor, ao selecionar os elementos culturais que comporão sua obra, veste-os de nova significação e os articula no complexo irônico. O leitor, por sua vez, deve desmontar esse complexo para poder desvelar, na sua interpretação, o processo histórico implícito.[15]

---

[15] A respeito desse processo crítico, denominado "inversão dialética", ver o capítulo final da obra de Fredric Jameson, *Marxismo e forma*: "Rumo à crítica dialética" (JAMESON, 1985:235-315).

3.2. A PARÓDIA

No texto, é por meio da paródia que o autor do "Quinto Evangelho" resgata o passado. Mais do que imitação de textos dos passados literário e histórico, a paródia de que nos referimos apropria-se desses materiais, reconhecendo-os e mesmo determinando-os como discurso de re-presentação do pretérito humano de Cristo. A respeito disso, Linda Hutcheon afirma que "ela [a paródia] apresenta uma sensação da presença do passado, mas de um passado que só pode ser conhecido a partir de seus textos, de seus vestígios – sejam literários ou históricos" (HUTCHEON, 1991:164). Ora, há aí uma afirmação categórica tangendo a natureza dos discursos narrativos que nos dão conta da história – o ficcional e o historiográfico – e auxiliam-nos na decodificação dos signos sociais presentes.

Por essa razão exposta, há uma pergunta que pode acompanhar a afirmação: onde está a história? ou, antes: o que é história? E perguntar sobre a essência da história é o mesmo que questionar a essência da verdade a respeito do passado, porque há aí uma relação íntima de dependência. O que é a verdade no relato histórico senão o velar e o desvelar contínuo de matizes da realidade anterior, um jogo que, ocultando, descobre, nunca o que foi por completo, uma versão do que poderia ter sido, do que mais se aproxima daquela realidade que não pode mais, em hipótese alguma, ser reproduzida, uma narração verossímil de um "pretérito perfeito".

Aristóteles, como dito, afirma a superioridade da poesia sobre a história justamente pelo caráter verossimilhante daquele discurso. Afirmar verossimilhança também no discurso histórico implica amalgamar história e literatura e confirmar a essencialidade de tal caráter para ambos os discursos. E, desta forma, estamos autorizados a dizer que uma está contida na outra: que há literatura em história e que há história em literatura, porque ambas acabam tendo como matéria-prima a práxis, o constante movimento das inevitáveis transformações sociais, e como resultado uma reflexão direta ou indireta sobre essas transformações.

Outra informação que julgamos importante no estabelecimento e consolidação dessa aproximação entre os discursos referidos é a feita por Luiz Costa Lima, em seu livro *História. Ficção. Literatura* (2006), que distingue, no interior da história, "história crua", "historicidade" e "escrita da história". A primeira, nas palavras do próprio autor, concerne ao seguinte:

> Em si mesma, como fenômeno natural e espontâneo, a história [crua] concerne ao que sucede no mundo <u>para aquelas criaturas capazes de reconhecer o tempo</u>. Como tal, ela é a face concreta, múltipla e contraditória da existência humana. (...) a história, fenômeno da realidade, respeita as ações pontuais de um agente humano, de um grupo de agentes, de uma comunidade, de uma sociedade ou de uma época. Essas ações permanecerão anônimas ou serão objeto da memória de alguém ou de um grupo, sem que, por isso, passem a automaticamente integrar a escrita da história. (LIMA, 2006:116; grifos nossos)

A historicidade, para Costa Lima, é o instrumento básico de que dispõem essas "criaturas capazes de reconhecer o tempo" para inserir toda a produção historiográfica, a escrita da história, e, por extensão, toda a produção textual no tempo e no espaço lógico-racional.

É essa inserção no tempo e no espaço lógico-racional – a escrita da história – que nos dá a narrativa do passado, ou melhor, que transforma os atos passados em discurso. Discurso que é material de apropriação política implícita ou explicitamente. É a escrita da história que, também, responde-nos as perguntas aqui feitas: a história está no discurso, porque ela mesma é discurso. Mas, agora, o questionamento torna-se outro: sendo a literatura e a história discursos que se apropriam da história crua e de si mesmas, as lentes que nos dão a ver a práxis, qual o sentido que se quer produzir, politicamente, com o relato histórico? (HUTCHEON, 1991).

A paródia é a forma que a ficção utiliza, contemporaneamente[16], para não responder a essa pergunta, mas inseri-la na consciência do presente social e questionar as bases da escrita da história, acareando história e política (HUTCHEON, 1991: 42). Essa literatura, que Hutcheon denominou "metaficção historiográfica",

> (...) refuta os métodos naturais, ou de senso comum, para distinguir entre o fato histórico e a ficção. Ela recusa a visão de que apenas a história tem uma pretensão à verdade, por meio do questionamento da base dessa pretensão na historiografia e por meio da afirmação de que tanto a história como a ficção são discursos, construtos humanos, sistemas de significação, e é a partir dessa identidade que as duas obtêm sua principal pretensão à verdade. (...) ambos os gêneros constroem inevitavelmente à medida que textualizam esse passado. (HUTCHEON, 1991:127)

Por essa razão é que assumimos como produtivo para esta dissertação o conceito de paródia tecido pela autora:

> Aqui – como em todos os pontos do presente estudo –, quando falo em "paródia", não estou me referindo à imitação ridicularizadora das teorias e das definições padronizadas que se originam das teorias de humor do século XVIII. A importância coletiva da prática paródica

---

[16] Preferimos utilizar o termo "contemporaneamente", em vez de "modernamente" ou "pós-modernamente", para não entrarmos em uma discussão desnecessário para este trabalho. Para tal reflexão, sugerimos a *Poética do Pós-modernismo* (HUTCHEON, 1991) como ponto de partida.

> sugere uma redefinição da paródia como uma repetição com distância crítica que permite a indicação irônica da diferença no próprio âmago da semelhança. (HUTCHEON, 1991: 47)

É desse tipo de ferramenta estética que faz uso Saramago em seu escrito literário, reconstruindo a narrativa evangélica sem refutá-la, apropriando-se de seu texto e subvertendo-o, dando voz e imagem a personagens, tempos e espaços olvidados nos Evangelhos canônicos. Já no início de sua obra, há a explicitação do tipo de discurso que se mostra ali: um discurso sobre o discurso, ou melhor, sobre os discursos histórico e religioso, com a consciência de que "nenhuma dessas coisas é real, (...) papel e tinta, mais nada" (ESJC, 13), de "que tudo isto são coisas da terra, que vão ficar na terra, e delas se faz a única história possível" (ESJC, 20): o discurso.

O jogo paródico de Saramago procura representar elementos sociais e históricos obscurecidos pelo discurso institucionalizado da Teologia cristã, não para dizer-se mais verdadeiro ou concluir uma nova versão mais apropriada da história, para questionar o discurso instituído como fato. Na obra, bailam a inventividade do autor, o discurso historiográfico e as narrativas evangélicas.

3.3. A METAFICÇÃO HISTORIOGRÁFICA

A conjunção de paródia, ironia, história e ficção dá os ingredientes necessários à construção da metaficção historiográfica, dadas as discussões deste capítulo[17], tendo como objetivo principal a revelação do passado, "impedindo-o de ser conclusivo e teleológico" (HUTCHEON, 1991 147), uma vez que, por ser discurso, narrativa, não está isento de uma função política, assim como esse próprio discurso artístico não o está, bem como a crítica em geral. Logo no começo de seu livro, a autora afirma que

> Para tentar evitar a tentadora armadilha da cooptação, o que se precisa é do reconhecimento do fato de que essa própria posição é uma ideologia, uma ideologia profundamente comprometida com aquilo que pretende teorizar. Como Barthes nos lembrou, a crítica é "essencialmente uma atividade, isto é, uma série de atos intelectuais profundamente comprometidos com a existência histórica e subjetiva (as duas são idênticas) do homem [sic] que os realiza" (...).(HUTCHEON, 1991:40-1)

Esta citação desvela, também, outra característica essencial da metaficção historiográfica: a apropriação da escrita da história, do passado que conhecemos, não para negá-lo, para, de dentro dele, operar a confrontação de suas bases e diretrizes. Ora, reconhecendo o passado como matéria necessariamente discursiva, que em todo

---

[17] É importante ressaltar que Hutcheon trata em sua *Poética do Pós-Modernismo* (1991) não só da forma literária, mas, também, de outras formas de expressão artística, como a arquitetura, a música, a pintura etc.

discurso está emboscada a *libido dominandi*, o poder – utilizando as palavras de BARTHES (2001) –, e, mais ainda, que a própria língua que tece esse discurso, como a conhecemos, trata-se de um produto social (SAUSSURE, 2006:17), tecido arbitrariamente em prol da construção e manutenção da vida em sociedade, torna-se inegável que a seleção e a ordenação do que se narra na historiografia estão vinculadas e comprometidas com a visão política de quem as efetua.

A metaficção, então, não pretende negar a existência de um passado, da história crua, mas lançar dúvidas sobre aquilo que construímos de significativo a partir dos relatos que temos desse passado. Isso abrange os conhecimentos científicos, filosóficos, artísticos e religiosos – citamos essas formas, porque cingem toda a produção humana de signos.

O conhecimento gerado a partir dessas formas é que, intermitentemente, fornecem à sociedade suas panaceias, seus reparos, as diretrizes que se devem tomar para alcançar um estado "melhor" das coisas. O que a arte contemporânea nega, por meio da paródia e da ironia, são as certezas absolutas que daí advém, pois todas as certezas que nos tomam, ela ensina, devem ser vistas como "posicionais" (BURGIN, 1986, *apud* HUTCHEON, 1991:30), "provenientes de complexas redes de condições locais e contingentes" (HUTCHEON, 1991:30). É exatamente neste ponto que, como dissemos, põe-se em confronto o político e o histórico, é aí, também, que se revela o impulso questionador da arte desse tempo denominado pós-moderno por Hutcheon: "O impulso pós-moderno não é buscar nenhuma visão total. Ele se limita a questionar. Caso encontre uma dessas visões, ele questiona a maneira como, na verdade, a fabricou" (HUTCHEON, 1991:73).

Tal impulso questionador, que tem sua efetivação por meio da apropriação paródica e irônica do passado, reflete-se tanto no passado quanto no presente social do próprio texto, tem sua posição firmada no caráter contingente do discurso da verdade, que, acompanhando a práxis, movimenta-se, ou melhor, transforma-se perpetuamente. E, sendo a verdade contingente, a própria história, como todo o conhecimento humano, ela mesma o é.

O próprio nome dado a esse tipo de narrativa já revela seu sentido: "metaficção historiográfica" designaria algo que excede o próprio conceito de ficção, e mais, o conceito de ficção histórica, algo que está além, que transcende. No caso em texto, como conceituação produtiva do que seria isso, Hutcheon reescreve uma "descrição de Bárbara Foley sobre o paradigma do romance histórico do século XIX, inserindo entre colchetes as mudanças pós-modernas:" (HUTCHEON, 1991:159)

> Os personagens [nunca] constituem uma descrição microcósmica dos tipos sociais representativos; enfrentam complicações e conflitos que abrangem importantes tendências [não] no desenvolvimento histórico [não importa qual o sentido disso, mas na trama narrativa, muitas vezes atribuível a outros intertextos]; uma ou mais figuras da história do mundo entram no mundo fictício, dando uma aura de legitimação extratextual às generalizações e aos julgamentos do texto [que são imediatamente atacados e questionados pela revelação da verdadeira identidade intertextual, e não extratextual, das fontes dessa legitimização]; a conclusão [nunca] reafirma [mas contesta] a legitimidade de uma norma que transforma o conflito social e político num debate moral. (HUTCHEON, 1991: 159)

Mais uma vez, desvela-se o caráter político imanente do texto, que está longe de querer-se pôr em posição neutra nos debates culturais, sobre política, religião etc. *O Evangelho Segundo Jesus Cristo*, por sua vez, enquadrando-se nessa categoria romanesca. Saramago apropria-se paródica e ironicamente do texto dos Evangelhos canônicos e da escrita da história para formar sua metaficção historiográfica. Ele não nega a verdade religiosa, nega a possibilidade de aceitação de uma versão absolutizante desse discurso, dadas as condições contingentes na composição daquilo que chamamos verdadeiro. O autor conjura uma série de elementos historicamente plausíveis que põem em xeque as certezas exegéticas produzidas pela Teologia cristã, desvelando seu caráter político providencial ao desenvolvimento da hegemonia cristã no Ocidente.

Nos próximos capítulos, as análises tomarão por base e direcionamento os subsídios teóricos e históricos apresentados até então. Neles, serão analisados os três personagens que compõem aquilo que, aqui, denominamos a Trindade Profana de Saramago: Diabo, Deus e Jesus Cristo.

4. COMENTÁRIOS SOBRE A CONSTRUÇÃO DAS PERSONAGENS DE DIABO, DEUS E JESUS NO ÂMBITO TEOLÓGICO E POLÍTICO

Para melhor visualizar o movimento paródico e irônico de *O Evangelho Segundo Jesus Cristo*, teceremos alguns apontamentos em referência ao texto bíblico dos Evangelhos e de alguns livros do Velho Testamento. Diabo, Deus e Jesus, são interpretados pela tradição teológica como personagens centrais de um drama com desfecho determinado, cada qual com o seu papel específico, restando somente ao homem a indeterminação de sua experiência além-mundo. Saramago joga com essa concepção, tecendo uma teleologia política do Cristianismo. No "Quinto Evangelho", há, também, uma determinação clara e precisa do futuro; o narrador mostra sua ciência disso, porque se encontra já na contemporaneidade e, no relato, desvela os fundamentos de sua crítica à concepção divina do Cristianismo.

Em referência ao Diabo, o primeiro relato que se tem dele na Bíblia é o da tentação de Eva, quando, pela malícia de seu discurso, convence a mulher a provar do fruto da árvore do conhecimento do bem e do mal.

> A serpente era o mais astuto de todos os animais dos campos, que Iahweh Deus tinha feito. Ela disse à mulher: "Então Deus disse: Vós não podeis comer de todas as árvores do jardim?" A mulher respondeu à serpente: "Nós podemos comer do fruto das árvores do jardim. Mas do fruto da árvore que está no meio do jardim, Deus disse: Dele não comereis, nele não tocareis, sob pena de morte." A serpente disse então à mulher: "Não, não morrereis! Mas Deus sabe que, no dia em que dele comerdes, vossos olhos se abrirão e vós sereis como deuses, versados no bem e no mal." A mulher viu que a árvore era boa ao apetite e formosa à vista, e que essa árvore era desejável para adquirir discernimento. Tomou-lhe do fruto e comeu. Deu-o também a seu marido, que com ela estava, e ele comeu. Então abriram-se os olhos dos dois e perceberam que

estavam nus; entrelaçaram folhas de figueira e se cingiram. (Gn 3: 1-7)

O Gênesis começa com a criação do mundo e com a intervenção do Diabo nos planos de Deus, como se a realidade de tudo necessitasse de seu negativo para existir: o bem e o mal, Deus e o Diabo. O homem, nas escrituras bíblicas, inicia sua existência na terra tendo de ponderar e escolher entre dois discursos a respeito do que seja certo, do que seja bom.

A tentação de Eva marca o momento em que o homem, na alegoria bíblica, perde sua eternidade, ou melhor, tem ciência de que seu destino é relativo à sua conduta. O pecado de Adão e Eva provoca sua expulsão do Paraíso. É então que Deus separa-se do homem e este deverá moldar-se, conter-se, ajustar-se aos níveis de moralidade do teísmo judaico-cristão para retornar a esse paraíso perdido.

No Novo Testamento, O Diabo aparece com mais frequência e mais atuante nos discursos dos discípulos. Ele tenta o próprio Jesus no deserto:

> Então Jesus foi levado pelo Espírito ao deserto, para ser tentado pelo diabo. Por quarenta dias esteve jejuando. Depois teve fome. Então, aproximando-se o tentador, disse-lhe. "Se és o Filho de Deus, manda que estas pedras se transformem em pães". Mas Jesus respondeu: "Está escrito:
>
> Não só de pão vive o homem,
> mas de toda palavra que sai da boca de Deus."
>
> Então o diabo o levou à Cidade Santa e o colocou sobre o pináculo do Templo e disse-lhe: "Se és o Filho de Deus, atira-te para baixo, porque está escrito:
>
> Ele dará ordem a seus anjos a teu respeito,
> e eles te tomarão pelas mãos,
> para que não tropeces em nenhuma pedra."
>
> Respondeu Jesus: "Também está escrito:
>
> Não tentarás ao Senhor teu Deus."
>
> Tornou o diabo a levá-lo, agora para um monte muito alto. E mostrou-lhe todos os reinos do mundo com o seu

> esplendor e disse-lhe: "Tudo isso te darei, se, prostrado, me adorares". Aí Jesus lhe disse: "Vai-te, Satanás, porque está escrito:
>
> Ao Senhor teu Deus adorarás
> e a ele só prestarás culto."
>
> Com isso, o diabo o deixou. E os anjos de Deus se aproximaram e puseram-se a servi-lo. (Mt 4:1-11)

apossa-se de humanos (a exemplo disso ver o relato do endemoninhado gadareno em: Mt 8:28-34; Mc 5:1-20; Lc 8:26-39), pede autorização a Deus para testar os homens (Lc 22:31 – "Simão, Simão, eis que Satanás pediu insistentemente para vos peneirar como trigo").

Sua popularidade neotestamentária não é aleatória, uma vez que, fundada a imagem do Salvador, a necessidade de fundação da imagem de um inimigo tornou-se evidente. A mitificação do Jesus galileu transportou-o para um universo puramente espiritual, transformando seus oponentes terrenos, os judeus a quem ele criticava política e eticamente, e toda a humanidade, devido ao caráter universalizante da nova religião de Cristo, em pessoas necessitadas de salvação.

Jesus, após a crucificação, tornou-se o próprio Deus, ou um só com ele; o *Logos* divino, conforme o relato de João 1:1 – "No princípio era o Verbo e o Verbo estava com Deus e o Verbo era Deus". Essa interpretação, como comenta EAGLETON (2009:194), instigou vários debates na Igreja cristã dos primeiros tempos e na Igreja católico medieval, além de dar espaço para a formação de algumas seitas, que possuíam interpretação diversa a respeito da relação entre Deus pai e Deus filho. Como exemplo histórico, podemos citar o Joaquimismo ou Joaquinismo que, tendo como momento de maior expressão o século XIII, dava à humanidade três fases sucessivas de evolução: sendo a primeira a fase do Pai, instaurada pela lei de Moisés; a segunda seria aquela instituída pela graça e pela Igreja, a idade do Filho; e a terceira, de uma ordem propriamente espiritual, a idade do Espírito Santo (LE GOFF, 2007).

Notemos que todas as posições ocupadas pelos entes divinos: Diabo, Deus e Jesus, primordialmente nos são conhecidas, na Idade Média, pela exegese que se fez dos escritos bíblicos. A

História não tinha autoridade para investigar a vida de Cristo. A teologia, nessa época, era a ciência que subordinava todas as demais ciências. Era da Igreja católica grande parte do poder temporal no Ocidente. Era dessa mesma instituição, por conseguinte, que partiam todas as interpretações das personagens e das histórias bíblicas. É por esta razão que Jacques Le Goff afirma que tudo o que foi objeto de profecias da Idade Média foi, também, politizado (LE GOFF, 2007:52), porque os líderes religiosos do Cristianismo eram pessoas com grande autoridade política. Não por acaso ter sido o Papa Leão III, no dia 25 de dezembro de 800, quem coroou Carlos Magno a Imperador franco, donde viria a formar-se o Império Carolíngio, responsável pela reorganização política do Ocidente (LE GOFF, 2005).

Saramago reinventa Diabo, Deus e Jesus em seu *O Evangelho Segundo Jesus Cristo*. Estes estão, na narrativa, engendrados e engajados no plano de Deus para a expansão da religião que viria a se formar: o Cristianismo. Por essa razão, denominamos essa tríade de "Trindade Profana": trindade pelo número e profana porque os personagens são postos, contrariando as exegeses medievais, fora do âmbito religioso, deslocadas para o âmbito político.

O movimento operado pela Igreja primitiva e medieval, por meio de seu discurso acerca da vida de Cristo, foi o de, pelo discurso religioso, abarcar o poder político dos povos do Ocidente. O autor do "Quinto Evangelho" faz um caminho inverso, montando um discurso político para questionar o poder religioso exercido na história do medievo ocidental.

5. A TRINDADE PROFANA DE SARAMAGO

5.1. O RELATO SOBRE JOSÉ

É por imagens e relatos que conhecemos o Cristianismo primitivo e medieval. Não por acaso, é pela descrição de um ícone que se começa a narração de *O Evangelho Segundo Jesus Cristo*, dando o tom do que virá a seguir: uma versão humana e política de uma história divina. Como já fora dito, não há uma negação do relato dos evangelhos canônico, há uma apropriação, uma subversão, um engatilhamento do oposto institucionalizado pela Teologia cristã, visando ao questionamento da verdade religiosa, à desconstrução das "boas novas" de Cristo, tais como apresentadas pela Igreja primitiva e pela Igreja católica.

Os planos de Deus são mostrados, não como de salvação, mas de uma política de expansão imperialista. Desvela-se um imperialismo religioso cristão, que não tem como contrário o Diabo propriamente dito, mas todas as outras religiões, porque, em *O Evangelho Segundo Jesus Cristo*, bem como nos Evangelhos canônicos, Satanás figura como componente essencial para a trama. A diferença é que, nestes, ele é apresentado como inimigo absoluto de Deus, e, naquele, é o oposto complementar do Criador, um ajudante coagido e revoltado. São esses dois personagens divinos que nos dão o tom do que mais se adequaria à construção da história do Ocidente, com suas bases fincadas em uma teologia católica. Sua religião, mais do que a salvação, quer acampar-se do poder temporal para poder impor o "Reino de Deus", valendo-se de mecanismos de opressão psicológica, como o discurso acerca do inferno, e de contenção belicosa, como, por exemplo, o caso das cruzadas.

Cristo é parte essencial da trama, ele é o sacrifício, dele partem as interpretações todas. Mudando-se sua história, muda-se a história da religião cristã, muda-se a história do Ocidente. Saramago o faz de forma reversa ao texto dos Evangelhos canônicos: humano, constrangido com a sua condição, medroso por seu destino, carnal e amante de uma prostituta. Não há muito de novo no que o autor diz a respeito de Jesus; a forma como conta, como preenche os espaços vazios dessa história é que dista dos outros relatos, que faz a originalidade de *O Evangelho Segundo Jesus Cristo*, além da insinuação de todo um pano de fundo político.

Em primeiro lugar, é importante frisar que o "Quinto Evangelho" possui três partes distintas: a primeira vai da concepção de Jesus até a crucificação de José; a segunda compreende a formação do filho do carpinteiro, parte da vida de Cristo, dos quatorze aos dezoito anos, de que não temos registros históricos; a terceira parte é já o ministério de Jesus, começando com seu casamento com Maria de Magdala e terminando com sua morte na cruz.

O ponto inicial da narrativa de Saramago é a descrição da imagem que se segue.

Albrecht Dürer. A Grande Paixão 6: a Crucificação (1498)

Nesta descrição, temos, daquele que conta, o tom da narrativa. Antes de iniciar a história de José, primeira parte do relato, temos nossa atenção tomada à advertência irônica do narrador, quando diz que "nenhuma destas coisas [que vão ser narradas] é real, o que temos diante de nós é papel e tinta, mais nada" (ESJC: 13). Irônica porque tudo o que baseou a Teologia Cristã medieval e, ainda hoje, grande parte da Teologia cristã moderna, foi um discurso gerado a partir do texto bíblico; texto que, por sua vez, também partiu do discurso dos discípulos acerca da vida de Jesus; discurso que partiu da história crua e da necessidade de convencimento de um público específico acerca das verdades evangélicas. Sempre um discurso partindo de outro discurso e a realidade moldando-se conforme as palavras de quem narra.

O narrador de *O Evangelho Segundo Jesus Cristo* fala de um ponto de vista que parece estar fora da história, uma consciência, por vezes, absoluta, no que tange o passado e a modernidade, porque ele fala de um tempo que parece presente, mas que caminha sobre o próprio tempo, volteando passado e futuro – o passado de quem lê e o futuro de quem vive dentro da história narrada. A descrição do início é de uma tela do ano de 1498. A narrativa dá-se no marco inicial da contagem dos anos da era cristã. Em alguns momentos, ele prediz acontecimentos históricos, como, por exemplo, a destruição do Templo de Jerusalém, que ocorreu no ano 70 d.C.:

> Aí está o Templo. Visto assim de perto, do plano inferior em que estamos, é uma construção que dá vertigens, uma montanha de pedras, algumas que nenhum poder do mundo pareceria ser capaz de aparelhar, levantar, assentar e ajustar, e contudo estão ali, unidas pelo próprio peso, sem argamassa, tão simplesmente como se o mundo fosse todo ele uma construção de armar, até às altíssimas cimalhas que, olhadas de baixo, parecem roçar o céu, como outra e diferente torre de Babel que a protecção de Deus, contudo, não logrará salvar, pois um igual destino a espera, ruína, confusão, sangue derramado, vozes que mil vezes perguntarão, Porquê, imaginando que há uma resposta, e que mais cedo ou mais tarde acabam por calar-se, porque só o silêncio é certo. (ESJC: 97)

No decorrer da narração, temos outras indicações suas a respeito desse caminhar no tempo. Para o narrador, parece ser a memória o único veículo que consegue movimentar a humanidade entre passado e presente, aproximando-os, afastando-os e mesmo projetando um futuro. Ele reconhece o caráter discursivo da realidade passada e reconhece que tudo não é mais que literatura, porque é verossímil. Seu ponto de vista é baseado na construção que ele próprio fez do passado. Talvez, partindo daí possa-se fazer uma reflexão a respeito da identidade do narrador em relação à identidade do autor. Até que ponto é o autor o próprio narrador de seus romances? Essa voz que narra, que comenta, que questiona, por vezes, insinua a voz do próprio José Saramago pondo em questão a história de Cristo. Para o autor-narrador – se reconhecermos certa identidade entre um e outro e aceitarmos o caráter discursivo daquilo que temos como passado –, todo relato, histórico ou ficcional, nada mais é que papel e tinta (ESJC: 13) e, sobre a caminhada temporal, afirma que "o tempo não é uma superfície que se possa medir nó a nó, o tempo é uma superfície oblíqua e ondulante que só a memória é capaz de fazer mover e aproximar" (ESJC: 168).

É da memória coletiva que José Saramago junta os dados que lhe servirão para compor *O Evangelho Segundo Jesus Cristo*. Somente na contemporaneidade, por conta das pesquisas a respeito do Jesus histórico, é que lhe foi possível juntar tantas informações para compor uma obra de arte com a riqueza de detalhes históricos que essa possui. O homem é fruto de seu tempo, de sua época, e só pode falar do que lhe é permitido pela conjunção dos avanços científicos, filosóficos e artísticos de seu tempo. A ciência do narrador só pode indicar que o ponto de vista de que fala é o atual, no que respeita o tempo, mesmo a história sendo narrada a partir do presente das personagens. Ele vê o livro como uma grande tela da história do Cristianismo e a descreve como se lá estivera, como se a hora em que aconteceram todos os fatos fosse o agora, transportando o leitor para dentro da sua própria narração, para uma vivência virtual do que não aconteceu no tempo passado.

O narrador inicia seu texto brincando com o leitor ao fazer a caracterização das personagens, pintando uma imagem que, no decorrer da história, será desconstruída, como que afirmando e confirmando sua consciência do discurso e do poder formador histórico dessa ferramenta. Veja-se o caso da mulher que ele julga ser Maria Madalena:

> De certeza que a mulher ajoelhada se chama Maria, pois de antemão sabíamos que todas quantas aqui vieram juntar-se usam esse nome, apenas uma delas, por ser ademais Madalena, se distingue onomasticamente das outras, ora,

> qualquer observador, se conhecedor bastante dos factos elementares da vida, jurará, à primeira vista, que a mencionada Madalena é esta precisamente, porquanto só uma pessoa como ela, de dissoluto passado, teria ousado apresentar-se, na hora trágica, com um decote tão aberto, e um corpete de tal maneira justo que lhe faz subir e altear a redondez dos seios, razão por que, inevitavelmente, está atraindo e retendo a mirada sôfrega dos homens que passam, com grave dano das almas, assim arrastadas à perdição pelo infame corpo. (ESJC: 14-5)

O próprio tom malicioso com que descreve já deixa rastos de burla para com o leitor. O narrador parece querer mostrar que o que se pensa – o que julga que o leitor pensa – dos personagens está carregado de uma padronização moral que fecha os olhos às possibilidades outras de realidade. Na segunda e na terceira parte do livro, quando se narra a história de Jesus propriamente dita, Maria Madalena, denominada Maria de Magdala, será, como afirma Salma Ferraz, redimida, santificada (FERRAZ, 1998). Ela será auxiliadora de Jesus, não como descrito nos Evangelhos canônicos, servindo-o com suas fazendas (Lc 8:2-3), mas como esposa, como companheira; peça fundamental para que o salvador não esmoreça ante sua predita condenação. Mais adiante, o narrador tenta, escrupulosamente, justificar a presença de Maria na ocasião, preparando a descrição, também invertida, do ponto de vista da trama que se vai narrar, da outra Maria, mãe de Jesus:

> (...) esta mulher poderia até estar inteiramente nua, se em tal preparo tivessem escolhido representá-la, que ainda assim haveríamos de prestar-lhe respeito e homenagem. Maria Madalena, se ela é, ampara, e parece que vai beijar, num gesto de compaixão intraduzível por palavras, a mão doutra mulher, esta sim, caída por terra, como desamparada de forças ou ferida de morte. O seu nome também é Maria, segunda na ordem de apresentação, mas, sem dúvida, primeiríssima na importância, se algo significa o lugar central que ocupa na região inferior da composição. (ESJC: 15)

A mãe de Jesus do texto de Saramago, num movimento inverso ao de Maria de Magdala, é dessacralizada, tornada uma mulher comum, uma viúva cuja preocupação maior é a sobrevivência sua e dos filhos, que rejeita o próprio primogênito, acusando-o de estar em poder de Satanás. Seguindo, o narrador arremata o quadro da mãe de Cristo:

> (...) a afligida mulher é viúva de um carpinteiro chamado José e mãe de numerosos filhos e filhas, embora só um deles, por imperativos do destino ou de quem o governa, tenha vindo a prosperar, em vida mediocremente, mas maiormente depois da morte. (ESJC: 15)

Com isso, também se tem um apontamento a respeito do trato que se dará à construção do filho de Deus na narração: uma pessoa comum, condenada a um futuro nefasto, herdeiro de uma culpa insuportável.

Entretanto, o início do romance é marcado pela história do carpinteiro José:

> Já sabemos ser José carpinteiro de ofício, regularmente hábil no mester, porém sem talento para perfeições sempre que lhe encomendem obra de mais finura. (...) Contudo, não se devendo medir os méritos dos homens apenas pela bitola das suas competências profissionais, convém dizer que, apesar da sua pouca idade, é este José do mais piedoso e justo que em Nazaré se pode encontrar, exacto na sinagoga, pontual no cumprimento dos deveres, e não tendo sido a sua fortuna tanta que o tivesse dotado Deus duma facúndia capaz de o distinguir dos mortais comuns, sabe discorrer com propriedade e comentar com acerto, mormente se vem a propósito de introduzir no discurso alguma imagem ou metáfora relacionadas com o seu ofício, por exemplo, carpintaria do universo. Porém, porque lhe tivesse faltado na origem o golpe de asa duma imaginação verdadeiramente criadora, nunca na sua breve vida será capaz de produzir parábola que se recorde (...) (ESJC: 29-30)

Essa descrição serve, no livro e para nós, como ponto de partida para discorrer a respeito do pai de Jesus ante as várias situações em que se encontrará entre as páginas 21 e 166. Um homem que, por sua simplicidade, fora relegado pelas escrituras sagradas como o acolhedor de Maria, cooperador dos planos divinos. A primeira diferença, e fundamental para a diferenciação de trato do narrador do "Quinto Evangelho" ao relato da vida de

Cristo, é que, na Bíblia, Jesus nasce por obra do Espírito Santo, mas, em *O Evangelho Segundo Jesus Cristo*, nasce da relação sexual de um casal vulgar – guardadas as devidas proporções do adjetivo –; José era um homem vulgar, também no romance de Saramago, o que pode contrariar aspectos culturais da Judéia dos tempos do carpinteiro, que concediam alto grau de instrução aos que se ocupavam deste ofício. O que torna o progenitor do filho de Deus especial, nesta recontagem dos acontecimentos evangélicos pelo escritor português, é o papel de destaque a ele delegado na trama, tendo dedicada à sua história um terço de todo o escrito.

O primeiro problema que se põe a esse homem é o que fazer com o presente dado por um mendigo que anunciou a Maria sua gravidez (ESJC: 33). José, como convinha a um judeu, depois de indagar a esposa acerca do fato, não sabendo o que fazer e pensar, acometido de pesadelos, resolveu ir à sinagoga pedir conselho e ajuda dos anciãos (ESJC: 38). Isso não poderia ser diferente, sendo ele narrado como um judeu ordinário, que não fora dotado por Deus "duma facúndia capaz de o distinguir dos mortais comuns". Não é o caso de que ele já havia descoberto a origem do mensageiro, por mais que desconfiasse de sua natureza, razão pela qual fora procurar os anciãos, para o carpinteiro a desconfiança bastava, alegrava-o até:

> (...) o pensamento de José deu o seguinte passo, e eis que lhe está representado agora o misterioso mendigo como um emissário do Tentador (...). José tem a cabeça em fogo, mas está contente consigo mesmo e com as conclusões a que chegou. (...)
> Na manhã seguinte, depois duma noite mal dormida, sempre a acordar por obra de um pesadelo em que se via a si mesmo caindo e tornando a cair para dentro de uma imensa tigela invertida que era como o céu estrelado, José foi à sinagoga, a pedir conselho e remédio aos anciãos. (ESJC: 37-8)

Pela noite, os sonhos o atormentavam, mas esses sonhos calar-se-iam: mais adiante haverá outro sonho, que o acompanhará até os últimos dias de sua vida. Suas noites, e essa é uma marca considerável de sua caracterização, eram atormentadas pelos seus dias, pela culpa. Ora, este era um homem consciencioso e justo para com a lei de Deus e a dos homens, que levava a sua vida da melhor forma possível, mas que caiu em uma cilada moral, preparada pelo próprio Deus a quem servia com zelo e dedicação.

O mensageiro será, a partir de então, presença recorrente na vida de José e de Maria e na vida daquele que virá a nascer, uma constante. Esse mendigo revelar-se-á uma peça-chave para a construção da figura de Cristo e para a concretização dos planos de Deus.

Por ocasião de um recenseamento editado por César Augusto, obrigatório a todas as províncias governadas pelo Cônsul Públio Sulpício Quirino, que tinha por finalidade atualizar o cadastro dos contribuintes de Roma e que deveria ser feito pelas famílias nos lugares de onde se originaram (ESJC: 45) – no caso de Maria e José, Belém de Judéia –, o chefe da família, homem "piedoso" que era, resolveu celebrar a páscoa em Nazaré e partir após isso ao recenseamento para não sobrecarregar a esposa grávida. O dia do parto estava perto e é em Belém que virá à luz o filho anunciado pelo mendigo.

Após a páscoa, pela viagem, no caminho de Jerusalém, José entra em um debate com um velho chamado Simeão. O velho indagou a respeito da criança que Maria carregava no ventre, sobre como poderia ser cadastrada, se como menino ou menina. José, "como perfeito judeu que se prezava de ser, tanto na teoria quanto na prática" (ESJC: 57), respondeu-lhe em conformidade com seu caráter: "se, chegado o último dia do recenseamento, o meu filho não for ainda nascido, será porque o Senhor não quer que os romanos saibam dele e o ponham nas suas listas" (ESJC: 58). Essa discussão, assim aparecida de repente, reforça ainda mais o caráter e dependência de José em relação ao que ele e todo o povo de então acreditava ser Deus. E Deus, que ainda não apareceu na trama, é desvelado em pequenos comentários irônicos do narrador. Não só Deus, toda a cristandade, todo o teísmo é ironizado nessa reapresentação paródica do evangelho de Cristo. José dá-se ao prazer da burla, confiante de sua própria confiança:

> O dia do nascimento e o dia da morte de cada homem estão selados e sob a guarda dos anjos desde o princípio do mundo, e é o Senhor, quando lhe apraz, que quebra primeiro um e depois o outro, muitas vezes ao mesmo tempo, com sua mão direita e a sua mão esquerda, e há casos em que demora tanto a partir o selo da morte que chega a parecer que se esqueceu desse vivente. Fez uma

> pausa, hesitou um pouco, mas depois rematou, sorrindo
> com malícia, Queira Deus que esta conversa o não faça
> lembrar-se de ti. (ESJC: 58-9)

Debate vencido, José, no outro dia, desculpa-se com o ancião, porque este era o seu dever, porque esta é a Lei de Moisés: "Levantar-te-ás diante de uma cabeça encanecida, honrarás a pessoa do ancião e temerás o teu Deus. Eu sou Iahweh." (Lv 19:32). O carpinteiro assim caminha, contendo-se dentro dos padrões de sua religião, da interpretação daquilo que seria o seu Deus, como a grande maioria de seu povo. Deus funciona como um espectro a pôr limites nos homens, um mecanismo de contenção. Mas esses homens são ordinários, não apresentam nada de excepcional. O narrador escancara essa verdade, frisando o quanto pode a vulgaridade de suas personagens Maria e José:

> Aquele que além estás vendo é José, e a mulher, a que vai
> prenha da barriga à boca, sim, o nome dela é Maria, vão os
> dois a Belém recensear-se, e se é verdade que em nada
> adiantariam estas nossas benévolas identificações é porque
> vivemos numa terra de tal modo abundante em nomes
> predestinados que facilmente por aí se encontram Josés e
> Marias de todas as idades e condições, por assim dizer ao
> virar da esquina, e não esqueçamos que estes que
> conhecemos não devem ser os únicos desse nome à espera
> de um filho, e também, diga-se tudo, não nos surpreenderia
> muito se, a estas horas e ao redor destas paragens,
> nascessem ao mesmo tempo, e apenas com uma rua ou uma
> seara por meio, duas crianças do mesmo sexo, varões
> querendo-o Deus, mas que por certo virão a ter diferentes
> destinos, ainda que, em final tentativa para darmos
> substância às primitivas astrologias desta antiga idade,
> viéssemos a dar-lhes o mesmo nome, Yeschua, que é como
> quem diz, Jesus. (ESJC: 76)

Mesmo quando o narrador invoca o nome de Deus em sua fala: "querendo-o Deus", invoca-o de uma forma desprovida de qualquer significado religioso, como quem diz "por sorte" ou "por ironia do destino". Os movimentos discursivos que são feitos nessa narrativa, nesse evangelho invertido, são de desmistificação de qualquer figura que nele tenha algum destaque: Maria, José, Jesus, Diabo, Deus. Uma negação opera-se, uma negação que afirma, um movimento que vai para o lado contrário do instituído pela tradição teológica ocidental, mas que parece andar de costas e sobre as pegadas deixadas pela história. Saramago apropria-se do relato canonizado nos Evangelhos de Mateus, Marcos, Lucas e João e subverte-o, sem afirmar ou negar qualquer deles: o seu ou os outros. Isso é metaficção historiográfica, a mesma discutida por Linda Hutcheon (1991), a que discutimos anteriormente no capítulo terceiro desta dissertação.

Na viagem rumo ao recenseamento, passando pelo deserto, e, neste momento do relato, o narrador faz sua apresentação do que vem a ser o deserto de que fala, que "não é aquilo que vulgarmente se pensa, deserto é tudo quanto esteja ausente dos homens, ainda que não devamos esquecer que não é raro encontrar desertos e securas mortais em meio de multidões" (ESJC: 79), chegando a Belém, o pai deixa a mãe à sombra de uma figueira para ir a procura de abrigo junto a um ancião. Deu-se com o vazio, pois o procurado estava no campo e não voltaria tão cedo. O desespero fez com que perdesse a inibição e perguntasse, em voz alta, se, naquela casa ou noutra, não teriam um pouso e uma parteira. Conseguiu uma cova no derredor da cidade e uma escrava que lhe fizesse o parto: era Zelomi seu nome. Não somava muita experiência nas artes do parto, os olhos de espectadora postos em outras parteiras é que lhe garantiam a coragem para enfrentar o caso. Nascera Jesus, esse fora o nome escolhido por José para seu filho.

É lei mosaica, também, que a mulher, após o parto, deve aguardar alguns dias para que esteja purificada:

> Iahweh falou a Moisés e disse: Fala aos israelitas e dize-lhes: Se uma mulher conceber e der à luz um menino, ficará impura durante sete dias, como por ocasião da impureza das suas regras. No oitavo dia, circuncidar-se-á o prepúcio do menino e, durante trinta e três dias, ela ficará ainda purificando-se do seu sangue. Não tocará coisa alguma consagrada e não irá ao santuário, até que se cumpra o tempo da sua purificação. (Lv 12:1-4)

Nesse tempo, José fora procurar trabalho no templo, que estava em reforma, para garantir o sustento da família, moradora temporária da cova em que nascera o Cristo. A ação divina começa a manifestar-se explicitamente a partir desse momento da trama, uma vez que Herodes, enfermo de morte, começará a ter sonhos com o profeta Miquéias. A narração não nos deixa acertar deveras quanto à natureza dos tais pesadelos, porque se narra o processo de enlouquecimento do rei desde o momento em que adoecera, iniciando-se com manias de perseguição, sentenças de morte contra seus próprios filhos e outros desmandos:

> (...) a Herodes só o mantém vivo a fúria. Transportado numa liteira, rodeado de médicos e de guardas armados, percorre o palácio de um extremo a outro a procura de traidores, desde há muito que os vê ou adivinha em toda a parte, e o seu dedo aponta, pode ser um chefe de eunucos que estava conquistando demasiada influência, (...) podem ser ainda os seus próprios filhos Alexandre e Aristóbulo, presos e logo condenados à morte por um tribunal de nobres à pressa convocado para essa sentença e não outra (...). (ESJC: 86)

Não demora muito e a sentença cai sobre os filhos de Belém. Já no último dia de trabalho, porque se cumpria o tempo da purificação de Maria naquela data, José sai para descansar do almoço e ouve dos soldados romanos o planejamento para que se cumprisse a ordem do rei. Ele corre, contém-se para não dar a entender a outrem a angústia que carrega, pensa no salário do dia perdido, pega um atalho pelo meio do mato, alcança o filho e a esposa no final da tarde. Jesus estivera salvo, os filhos de Belém não. A culpa recairá sobre José, que não avisou os habitantes da cidade. A sentença, desta vez, sai da boca do Diabo, presença constante na vida de Maria desde que lhe anunciara a gravidez:

> Disse o anjo, Um homem bom que cometeu um crime, não imaginas quantos antes dele os cometeram também, é que os crimes dos homens bons não têm conta, e, ao contrário do que se pensa, são os únicos que não podem ser perdoados. (...) Foi a crueldade de Herodes que fez desembainhar os punhais, mas o vosso egoísmo e cobardia forma os que ataram os pés e as mãos das vítimas. Disse Maria, Que podia eu ter feito. Disse o anjo, Tu, nada. Que o soubeste tarde de mais, mas o carpinteiro podia ter feito tudo (...). Disse Maria, Perdoa-lhe. Disse o anjo, Já te disse que não há perdão para este crime (...). (ESJC: 115-6)

A TRINDADE PROFANA DE SARAMAGO

Culpado, José é marcado por um sonho que o acompanhará e lembrá-lo-á de seu ato pelo resto de vida. Mesmo estando tudo já planejado por Deus, pois, segundo o anjo, "tudo o que era necessário que acontecesse aconteceu, faltavam essas mortes, faltava, antes delas, o crime de José" (ESJC: 115). Estabeleceu-se aí uma dupla culpa: por um lado, a de José, que não avisou os aldeões, e, por outro, a de Deus, que incitou a Herodes, pondo-lhe sonhos na cabeça, para que decretasse o edito real. "Um homem bom" cometera ou fora levado a cometer um crime imperdoável. Um Deus "bom" leva às últimas consequências suas ambições de conquista. Saramago trás para o plano humano a questão da moral divina e inverte a visão de Deus apregoada pela história do Cristianismo. Há, em toda a narração, uma inversão dialógica da narração teológica tradicional: o que era bom passa a ser mal, o que era justo passa a ser arbitrário, o que era salvação passa a ser condenação.

Nessa inversão, há, evidentemente, o questionamento pós-moderno acerca das verdades absolutas sobre Deus, Cristo e os homens. Há uma crítica indireta, também, além da crítica à teologia, ao corporativismo medieval, que impunha ao Ocidente um conjunto de ações que, supostamente, levaria o homem ao céu cristão, que utilizava o discurso da salvação para manter o domínio político sobre os povos e para dominar, mesmo que pela força, os que não conheciam ou aceitavam seu discurso. Saramago vai ao centro da questão, ao cerne da pregação evangélica: a necessidade do arrependimento, uma vez que o Cristianismo prega que todo homem, desde Adão, é culpado. Ele intenta transferir essa culpa a quem deveria detê-la por direito: Deus. Se tudo fazia parte de um plano divino, então, não há maior culpa que a de quem armou todo o plano. Antes de ser de José ou mesmo de Herodes, a responsabilidade pelo dano causado à humanidade, aos filhos de Belém, é do arquiteto. E, por conseguinte, se invertermos o raciocínio e aceitarmos que seja Deus uma invenção do homem, trazemos de volta a culpa para o homem, mas abrimos uma via mais segura de julgamento, dado que não há mais um poder sobrenatural que possa servir de álibi à espécie.

E o narrador afirma: "nenhuma salvação é suficiente, qualquer condenação é definitiva" (ESJC: 269-70). Com isso, parece nos querer dizer que o objetivo final do grande plano de salvação cristão não é a salvação de *per si*, mas a vitória sobre outros discursos que se opõem à verdade imposta. Não é de se espantar a iniciativa da Igreja ao instituir as Cruzadas, a evangelização das Américas e todas as outras "invasões bárbaras". José figura somente como uma peça menor no grande jogo que se trava entre Deus e os homens.

Para José resta um filho e um sonho a ativarem-lhe a memória fustigante, porque sua justiça pesa-lhe mais do que aguenta a estrutura. Mas ele se cala, como se cala sua esposa. E quando Jesus, já crescido, resolve indagar-lhe acerca da natureza de tais pesadelos, resigna-se ao sofrimento silencioso, pois não fizera o que tinha de ser feito quando lhe veio a oportunidade, não pensou em fazê-lo, o zelo pela vida do próprio filho não lhe permitiu salvar a vida de outros mais. Suas palavras ao primogênito revelam ao leitor seu estado de consciência: "o sonho é o pensamento que não foi pensado quando devia, agora tenho-o comigo todas as noites, não posso esquecê-lo, E que era o que devias ter pensado, Nem tu podes fazer-me todas as perguntas, nem eu posso dar-te todas as respostas" (ESJC: 143).

Oito filhos mais teve o casal: Tiago, José, Judas, Simão, Justo, Samuel, Lísia e Lídia. O narrador sugere que a culpa é o motivo para tantos descendentes, culpa de Deus e de José:

> (...) o mesmo Deus era quem com tanta assiduidade incitava e estimulava José a frequentar Maria, por essa maneira o tornando em seu instrumento para apagar, por compensação numérica, os remorsos que andava sentindo desde que permitira, ou quisera, sem se dar ao trabalho de pensar nas consequências, a morte dos inocentes meninos de Belém. (...) O remorso de Deus e o remorso de José eram um só remorso (...). (ESJC: 131)

Algum tempo depois no decorrer do relato, por ocasião da divisão do reino, devido à morte de Herodes, o Império resolve fazer outro recenseamento, mas, desta vez, fazendo com que os recenseadores andem de aldeia em aldeia a cumprir seu mandato. Revoltado, o povo de Israel resiste ao intento imperial e inicia uma guerra, da qual José, diretamente, não fará parte. Mas Ananias, vizinho do carpinteiro, resolve deixar a família, que se completa na esposa estéril, e juntar-se aos guerrilheiros, pedindo a José que tome conta do que deixou para trás. Ele aceita. Ananias, como não fizera nada na vida, segundo seu próprio testemunho, vai "para a guerra como se pensasse ir fazer um filho" (ESJC: 147).

Meses adiante, com vários confrontos e crucificações, o esposo de Maria recebe a notícia de que Ananias restava ferido em Séforis. Ele decide, como que para aliviar o peso do pecado que trazia consigo na alma, ir até lá buscá-lo. Maria não questiona. Uma última tentativa de se redimir pela morte dos inocentes, mesmo que isso não lhe passasse pela cabeça. Alcança o ferido, mesmo depois de alguns conselhos de estranhos, avisando-lhe que os romanos estavam chegando à cidade, mas já tarde demais: o vizinho estava ferido de uma ferida mortal, nem poderia levantar-se do lugar onde fora posto. José, que deveria deixá-lo lá, velou o moribundo durante toda a noite, a ele e a um rapaz que ali se encontrava também ferido. Ananias morrera, o rapaz não. José intenta ajudá-lo, mas é, outra vez, acometido pelos malgrados do destino.

> O rapaz pediu água, José chegou-lhe um púcaro de barro à boca, Como te sentes, perguntou, Menos mal, Pelo menos, parece que te baixou a febre, Vou ver se consigo levantar-me, disse o rapaz, Tem cuidado, e José reteve-o, ocorrera-lhe de súbito outra ideia (...). O rapaz parecia perceber que algo bom para si estaria talvez a acontecer, os olhos brilharam-lhe, mas não chegou a fazer nenhuma pergunta porque José já saíra, ia buscar o burro, trazê-lo para dentro (...). O burro não estava lá. (...)
> As forças de José cederam de golpe diante do desastre. Como um vitelo fulminado, daqueles que vira sacrificar no Templo, caiu de joelhos e, com as mãos contra o rosto, soltaram-se-lhe de uma vez as lágrimas, todas aquelas lágrimas que há treze anos vinha acumulando, à espera do dia em que pudesse perdoar-se a si mesmo ou tivesse de enfrentar a sua definitiva condenação. Deus não perdoa os pecados que manda cometer. (ESJC: 161)

José sai à procura do animal roubado, mas encontra o desfecho da condenação sentida há pouco: é preso pelos romanos. Ele clama por salvação, mas "Deus salva as almas, não salva os corpos" (ESJC: 163), como afirmou um outro vizinho de condenação à cruz. José grita, mas no momento final, resigna-se: "Este é o que se dizia sem culpa, o sargento hesitou um instante, exactamente o instante em que José deveria ter gritado, Estou inocente, mas não, calou-se, desistiu" (ESJC: 165). Ele foi o último crucificado de quarenta.

Quarenta foram crucificados naquele dia. Durante toda a guerra, "à roda de uns dois mil" (ESJC: 167). Todas essas informações, o processo "natural" de José até a sua morte, contextualizam e preparam o caminho para a narração de um Jesus diverso daquele que figura nos Evangelhos canônicos. Termina aí a primeira parte do relato, o carpinteiro morrera aos trinta e três anos, um entre vários outros cristos que viveram e morreram, mas que a história não marcou nenhum, porque ao discurso que regia a realidade não era importante. Porque, também, para que haja uma narração completa, acabada, de um evento qualquer, mesmo a vida de Jesus, é necessária a seleção de alguns elementos, não todos; com um jogo de luz e sombra monta-se um personagem, negando alguns detalhes da sua realidade para dar a ver outros.

Os elementos que Saramago escolhera para pintar *O Evangelho Segundo Jesus Cristo* trazem para o mundo humano uma história que, desde a sua criação, tenta levar o humano para o mundo além. Uma inversão, um jogo paradoxal, porque não nega e não afirma, apenas expõe uma versão nova do que poderia ter sido a história do Salvador judeu.

5.2. O DIABO

O Diabo deste evangelho de Saramago em muito se difere daquele exposto nas escrituras bíblicas. Em *O Evangelho Segundo Jesus Cristo*, a construção desse personagem, comparando-se este ao Diabo bíblico, opera-se quase que invertendo sua personalidade, inversão que não se completa por conta do papel ocupado pelo Diabo, nesta história profana e naquela história sagrada: um ajudante de Deus. As palavras de um anjo que aparece à Maria de Nazaré o revelam: "Ah, o pastor, Conhece-lo, Andámos na mesma escola, E o Senhor permite que um demónio como ele perdure e prospere, Assim o exige a boa ordem do mundo, mas a última palavra será sempre a do Senhor" (ESJC: 313).

A boa ordem do mundo exige sempre uma ideologia que justifique aquele grupo que detém o poder temporal. A ideologia católica justificou, na Idade Média, por exemplo, as cruzadas e o Tribunal do Santo Ofício para a Inquisição. Por essa razão, o discurso teológico de apresentação de Satanás vela a importância fundamental que ele possui na estrutura de todo o Cristianismo. O que o narrador de *O Evangelho Segundo Jesus Cristo* faz é, por meio da paródia, construir um personagem que questione a ideologia por trás da imagem apresentada pela Igreja católica ao Ocidente. Pastor é mostrado como oposto complementar de Deus, aquele que ajuda a zelar pelo bom sucesso dos planos divinos.

É ele quem, logo que Maria de Nazaré engravida, anuncia o nascimento de Jesus – "Mulher, tens um filho na barriga (...), Sou um anjo, mas não o digas a ninguém" (ESJC: 33) – e acompanha todo o processo de gestação, diferentemente do que está escrito na Bíblia. No livro de Saramago, o anjo do Senhor aparece a Maria somente depois de ela desacreditar do filho, quando ele já tem dezoito anos de idade. E, mesmo assim, o tal anjo, enviado de Deus, que faz o anúncio a Maria, afirma ter andado "na mesma escola" que Pastor.

Em *O Evangelho Segundo Jesus Cristo*, o Diabo confunde Maria com uma profecia, usando de uma retórica obscura, prenunciando o fim das coisas que viriam a acontecer ao primogênito – mesmo sendo Jesus filho de Deus, era participante de todo o ciclo natural da vida, tinha as mesmas paixões que os homens comuns. O mendigo, porque esse era o seu disfarce ao falar com Maria, deixa um presente. E, ao dar sua benção à mulher, uma terra que brilhava, marca com um sinal sua presença constante na vida daquela família, ou, para ser mais preciso, na vida do rebento que anunciara, pronunciou as seguintes palavras: "O barro ao barro, o pó ao pó, a terra à terra, nada começa que não tenha de acabar, tudo o que começa nasce do que acabou" (ESJC: 33).

A renovação que ele vaticina não é somente a respeito da vida de Maria e José ou mesmo do povo de Israel, mas a respeito da própria religião posteriormente denominada católica. De igreja perseguida pelos romanos, a igreja apostólica passará a igreja oficial do Estado, Católica Apostólica Romana, um império divino que conseguirá acampar-se do poder temporal e ordenar todo o Ocidente medieval.

Até o parto, Pastor será observador presente da gestação de Maria, aparecendo-lhe em sonhos e pessoalmente, mas é, após o nascimento de Jesus e a matança das crianças de Belém, que dirige a mulher outros vaticínios.

> (...) era, sim, novamente em figura de pastor, aquele que em figura de mendigo aparecera uma vez e outra, aquele que falando de si mesmo anunciara ser um anjo, contudo sem dizer de que céu ou inferno (...).
> (...) Disse Maria, Ouvi gritos. Disse o anjo, Sim, apenas os ouviste, mas um dia os gritos que não deste hão de gritar por ti, e ainda antes desse dia ouvirás gritar mil vezes a teu lado. (...) vim só para dizer-te que não me voltarás a ver-me tão cedo, tudo o que era necessário que acontecesse aconteceu, faltavam estas mortes, faltava, antes delas, o crime de José. (...) Um homem bom que cometeu um crime, não imaginas quantos antes dele os cometeram também, é que os crimes dos homens bons não têm conta, e, ao contrário do que se pensa, são os únicos que não podem ser perdoados. (...) Disse Maria, Que vamos fazer. Disse o anjo, Vivereis e sofrereis como toda a gente. Disse Maria, E o meu filho. Disse o anjo, Sobre a cabeça dos filhos há-de sempre cair a culpa dos pais, a sombra da culpa de José já escurece a fronte do teu filho. Disse Maria, Infelizes de nós. Disse o anjo, Assim é, e não tereis remédio. (ESJC: 115-6)

Vaticina a condenação de José e o sofrimento de Maria. "O que era necessário que acontecesse aconteceu". Essas palavras põem-no em linha com a vontade de Deus. Todo o plano fora arquitetado, ser-nos-á isso revelado no decorrer da narração, precisamente quando do encontro desta Trindade Profana – Pastor, Jesus e Deus.

A partir desse encontro com Maria, o anjo passa a acompanhar, de longe, o desenvolvimento do primogênito de José. Espera que tudo aconteça conforme o previsto: a condenação, o sofrimento e a morte do carpinteiro; a curiosidade insatisfeita de Jesus, motivo que o leva a sair de casa a procura de respostas acerca de seu passado; a resignação de Maria de Nazaré, que, por tanto sofrimento contido, pela consciência privilegiada, porque a ela somente foram revelados alguns mistérios, cala-se. O ciclo fecha-se quando parte o adolescente da casa paterna. É nesse momento que Pastor remove o sinal que ali deixara com Maria quando de sua primeira visita – da terra que fora enterrada no quintal da casa nascera uma planta.

> O vulto maciço do anjo tornou a aparecer, durante um rápido instante tapou com o seu grande corpo todo o campo de visão de Maria, e depois, sem um olhar para a casa, afastou-se em direcção à cancela, levando consigo, inteira da raiz à folha mais extrema, a planta enigmática que havia nascido, treze anos antes, no sítio onde a tigela fora enterrada. (ESJC: 196)

É na cova onde Jesus nascera que Diabo vai arrebanhá-lo. Sua tática fora a da dissimulação, fingindo inconsciência acerca da identidade e procedência de Jesus, embora soubesse de todo o destino de cristo que o esperava, embora em Jesus restasse uma consciência, mesmo que parca, da própria consciência do interpelante: "Jesus experimentou uma estranha e indefinível impressão, a de que ele já o saberia, e não só isto, mas todo o mais, o que fora já dito e o que ainda estava por dizer" (ESJC: 225-6). E, mesmo assumindo, em seguida, no debate, o conhecimento de Jesus – "conheço-te desde sempre" (ESJC: 226) –, utiliza-se dessa revelação para impor outros simulacros: "Sou pastor, há muitos anos que ando por aí com as minhas ovelhas e cabras, e o bode e o carneiro da cobrição, calhou estar nestes sítios quando vieste ao mundo, e ainda por cá andava quando vieram matar os meninos de Belém" (ESJC: 226).

Diabo, nesse diálogo, pela manifesta necessidade de Jesus por um nome que o identificasse, denomina-se Pastor. Essa autodenominação é, também, no conjunto da obra uma inversão do discurso bíblico, quando diz, no Salmo 23:1, que *"Iahweh é meu pastor"*. Como duas faces de uma mesma moeda, mostram-se os personagens divinos. Diabo à semelhança de Deus e Deus à semelhança de Diabo. Aparentemente, de personalidades ideais trocadas – dizemos ideais por tratar-se de um diálogo do texto com o senso comum acerca dos papéis de ambos. O próprio Pastor brinca com essa semelhança, quando, por acidente, Jesus mata um cordeiro e Pastor quer comê-lo:

> Jesus virou a cara para o lado e deu um passo para retirar-se, mas Pastor, que detivera o movimento da faca, ainda disse, Os escravos vivem para servir-nos, talvez devêssemos abri-los para sabermos se levam escravos dentro, e depois abrir um rei para e se tem outro rei na barriga, e olha que se encontrássemos o Diabo e ele deixasse que o abríssemos, talvez tivéssemos a surpresa de ver saltar Deus lá de dentro. (ESJC: 242)

Jesus o segue como ajudante. A partir daí começa seu estágio, dá-se sua formação. Pastor, por quatro anos, educa o filho de Deus. Os atritos são constantes e três discursos merecem atenção. No primeiro deles, o moço resolve ir-se porque Pastor não rende graças a Deus. Sem resistir à decisão do rapaz, discursa:

> Só o Senhor é Deus. O sorriso de Pastor apagou-se, a boca ganhou de súbito um vinco amargo, Sim, se existe Deus terá de ser um único Senhor, mas era melhor que fossem dois, assim haveria um deus para o lobo e um deus para a ovelha, uma para o que morre e um para o que mata, um deus para o condenado, um deus para o carrasco, (...) Não sei como pode Deus viver, (...) Deus não dorme, um dia te punirá, Ainda bem que não dorme, dessa maneira evita os pesadelos do remorso (...). (ESJC: 233)

Aos poucos, e com contundência, o professor infundia em seu aluno uma visão transviada do Senhor. Por certo, a imagem mais acertada neste contexto. Diabo não poupa argumentos e provocações, para todos os assuntos tem um ponto de vista humano, aparentemente humano, como um tentador, cuja função é incitar um sentimento de aversão à índole de Deus. A tentação de Cristo (Mt 4:1-11; Mc 1:12-3; Lc 4:1-13), no "Quinto Evangelho", transforma-se em processo de formação de caráter e os quarenta dias transformam-se em quatro anos.

Pastor discursa ainda a respeito do corpo e da vontade de Deus, forçando a seguinte conclusão: "Deus é o único guarda duma prisão onde o único preso é o teu Deus" (ESJC: 237). Note-se que, sutilmente, Diabo estabelece uma diferenciação entre Deus e o Deus de Jesus. Ironicamente, o narrador estabelece uma diferença entre Pastor e o Diabo da religião cristã, como se verá em uma declaração do próprio Satanás a Jesus no meio do mar, a par do relato das atrocidades futuras advindas da consumação da religião cristã:

> Digo que ninguém que esteja em seu perfeito juízo poderá vir a afirmar que o Diabo foi, é, ou será culpado de tal morticínio e tais cemitérios, salvo se a algum malvado ocorrer a lembrança caluniosa de me atribuir a responsabilidade de fazer nascer o deus que vai ser inimigo deste (ESJC: 389)

É nesse jogo que se deforma a verdade estabelecida, tanto para Jesus quanto para o leitor, que se vê imerso em um debate não finalizado, estabelecido com o intuito de alçar dúvidas quanto ao discurso instituído como verdade teológica e que funcionava como justificação política no Ocidente medieval. E a verdade, no relato de Saramago, é todo um esquema político no qual se imiscuem Deus, Diabo e Jesus. Os dois primeiros por vontade, o último, por indução.

Por fim, Pastor manda que Jesus escolha uma ovelha para aliviar as tensões sexuais que lhe acometerão por certo. O tutor questiona a justiça divina a partir daí, que deixa cometer atos de crueldade e proíbe o que para ele seria natural.

> Ouvide, ouvide, ovelhas que aí estais, ouvide o que nos vem ensinar esse sábio rapaz, que não é lícito fornicar-vos, Deus não o permite, podeis estar tranquilas, mas tosquiar-vos, sim, maltratar-vos, sim, matar-vos, sim, e comer-vos, pois para isso vos criou a sua lei e vos mantém a sua providência. (ESJC: 238)

Diabo é a voz da consciência mundana, que luta contra as aspirações de um paraíso divino. Uma voz que tenta desconstruir os valores adquiridos por um judeu ordinário, assim como era seu pai carpinteiro, para inserir esse personagem em uma nova dinâmica de realidade. O que ele faz é preparar Jesus para encontrar-se com Deus no deserto. Sua oposição a Deus, também, faz parte do plano divino, porque nada escapa à vontade de Deus. E, mesmo com todos esses atritos, Pastor e Jesus levavam uma boa vida.

> Pastor e Jesus, passados aqueles enfrentamentos éticos e teológicos dos primeiros dias, contudo ainda por algum tempo recidivantes, levaram sempre, enquanto juntos, uma boa vida, o homem ensinando sem impaciência de mais velho as artes da pastorícia, o rapaz aprendendo-as como se a sua vida fosse depender maximamente delas. (ESJC: 240)

Pastor cuida de Jesus e, quando lhe vêm os pesadelos herdados do pai, quando o sofrimento do jovem torna-se contagiante ao próprio rebanho, "Pastor acorda-o suavemente, Que é isso, que é isso, diz, e Jesus sai do pesadelo para os braços dele, como se do seu desgraçado pai se tratasse" (ESJC: 243).

Quando da celebração da páscoa, Jesus resolve-se por ir a Jerusalém. Pastor oferece-lhe um cordeiro para o sacrifício, ele rejeita, porque o quer conseguir por seus próprios esforços, porque não levaria à morte o que ajudou a criar (ESJC: 245). Consegue o animal, mas não o sacrifica. Por um momento, o leitor parece ser levado a acreditar na bondade de Pastor, na frustração dos planos divinos, ao que Deus dá uma demonstração de seu poder, despejando raios sobre uma figueira encontrada entre Jesus e Pastor (ESJC: 256-7), demonstrando a absoluta obrigatoriedade do cumprimento de sua vontade.

Três anos mais tarde, quando o cordeiro já se tornara ovelha, perdera-se em Jericó e é Pastor quem manda a Jesus buscá-lo. Pastor manda Jesus ao encontro de Deus no deserto, sem que a consciência do aprendiz desse-se por isso. A prova final do estágio era o sacrifício da ovelha perdida a Deus. Jesus fizera-o conforme fora-lhe ordenado, o trabalho estava concluído. Diabo despede-o contrafeito, pronunciando sua sentença final: "não aprendeste nada, vai" (ESJC: 265).

Todas as ações de Pastor, até então, aparentemente confluem para a tentativa de frustrar os planos de Deus, mas é no encontro entre os três: Jesus, Deus e Diabo, que o plano é desvelado. Tudo o que acontecera estava no programa de preparação do cristo. As mortes das crianças, a crucificação de José, a saída de casa de Jesus, a estadia com o Diabo e até a ovelha do sacrifício, tudo relacionado à história de Jesus. Ora, o próprio Deus é quem diz ao seu filho: "não esqueças o que te vou dizer, tudo quanto interessa a Deus, interessa ao Diabo" (ESJC: 368-9). E continua o narrador:

> Pastor (...) ouviu o diálogo sem dar mostras de atenção, como se não fosse dele que se estivesse a falar, deste modo negando, na aparência, a última e fundamental afirmação de Deus. Mas logo se viu que a desatenção não passava de um fingimento, foi só Jesus dizer, falemos agora da segunda questão, e aí o temos alerta. (ESJC: 369)

No contrato, Diabo resta com tudo o que Deus rejeita.

> (...) haverá quem se lance para o maio das silvas e se revolva na neve para domar as importunações da carne suscitadas pelo Diabo, a quem estas tentações se devem, que o fito dele é desviar as almas do recto caminho que as levaria ao céu, mulheres nuas e monstros pavorosos, criaturas da aberração, a luxúria e o medo, são as armas com que o Demónio atormenta as pobres vidas dos homens. Tudo isto farás, perguntou Jesus a Pastor, Mais ou menos, respondeu ele, limitei-me a tomar para mim aquilo que Deus não quis, a carne, com a sua alegria e a sua tristeza, a juventude e a velhice, a frescura e a podridão, mas não é verdade que o medo seja uma arma minha, não me lembro de ter sido eu quem inventou o pecado e o castigo, e o medo que neles há sempre. (ESJC: 386)

Todavia, Diabo ainda tem uma proposta a Deus (ESJC: 391-3), de que lhe perdoe e aceite de volta no céu, escusando-o de levar a cabo todas as atrocidades planejadas, escusando a si do destino traçado e a Jesus do sacrifício. Mas "a Deus não se pode dizer Sim para depois dizer-lhe Não" (ESJC: 375). A resposta é negativa:

> Não te aceito, não te perdôo, quero-te como és, e, se possível, ainda pior do que és agora, (...) Porque este Bem que eu sou não existiria sem esse Mal que tu és, um Bem

que tivesse de existir sem ti seria inconcebível, a um tal ponto que nem eu posso imaginá-lo, enfim, se tu acabas, eu acabo, para que eu seja o Bem, é necessário que tu continues a ser o Mal, se o Diabo não vive como Diabo, Deus não vive como Deus, a morte de um seria a morte do outro (...). (ESJC: 393)

5.3. DEUS

> Tudo quanto a lei de Deus queira é
> obrigatório. (ESJC: 371)

Embora poucas sejam as suas aparições no romance de Saramago, a presença de Deus é patente em todos os momentos narrados. O narrador sempre tece um comentário irônico e sarcástico em instantes diversificados a respeito desse personagem. *Iahweh* é apresentado em contradição com a imagem que se fez dele na história ocidental e na Bíblia. Sua bondade é cínica e egoísta e a sua sede de poder, eterna.

Alguns exemplos nos dão o tom de toda a narrativa acerca de Deus: sua onisciência é questionada, quando descreve o movimento das gentes de Israel indo ao recenseamento após a celebração da Páscoa:

> Se, por um atraso nas comunicações ou enguiço da tradução simultânea, ainda não chegou ao céu a notícia de tais ordens, muito admirado deve estar o Senhor Deus, ao ver tão radicalmente mudada a paisagem de Israel, com magotes de gente a viajarem em todas as direcções, quando o próprio e o natural, nestes dias logo a seguir à Páscoa, seria deslocarem-se as pessoas, salvo justificadas excepções, de um modo por assim dizer centrífugo, tomando o caminho de casa a partir de um único ponto central, sol terrestre ou umbigo luminoso, de Jerusalém falamos, claro está. (ESJC: 53)

o alcance de sua providência, quando da preocupação de José com o sustento da família em Belém, que o dinheiro que trouxera de Nazaré já estava extinguindo-se e Maria teria de cumprir o tempo da purificação para poder voltar para casa – e o narrador ironiza: "A vida da pobre gente já naquele tempo era difícil e Deus não podia prover a tudo" (ESJC: 90) –; o alcance do seu perdão, quando dos últimos momentos de vida de José em Séforis e do seu desespero – o narrador: "Deus não perdoa os pecados que ele manda cometer" (ESJC: 161).

Outras passagens narrativas demonstram, também, de forma direta ou indireta, a antipatia do narrador para com a figura de Deus. Entretanto, como no caso de Diabo, o Deus de que fala o narrador não pode ser determinado como o que se construiu na história do Ocidente medieval, a partir da exegese cristã, ou como o que se revela em *O Evangelho Segundo Jesus Cristo*, porque a Trindade Profana funciona como ideologema de uma ideologia que se põe oposta à tradição teológica medieval, mas que não se quer legitimar como tal, pelo contrário, quer minar os fundamentos daquilo que se estabeleceu historicamente como verdade, criando um vazio que não poderá ser preenchido de forma alguma, porque as presenças postas no espaço que fora destinado às coisas do além-mundo, no Cristianismo, postas em questão pela filosofia, a arte e a ciência na contemporaneidade, evolam-se na composição desses discursos.

Em *O Evangelho Segundo Jesus Cristo*, não há uma negação da existência de Deus, menos ainda uma afirmação. O que há é uma desconstrução do discurso que se formou em torno de sua imagem na história do Ocidente. Um discurso que embasou e embasa os mais diversos atos, tanto de natureza heróica quanto de natureza vil. O Deus de que fala o narrador não é mais que heterônimo "De Pessoa" (ESJC: 389), um Deus a imagem e semelhança do homem, uma inversão do discurso instituído, que invalida qualquer afirmação de verdade absoluta.

Na história de Saramago, a primeira manifestação declarada de Deus dá-se no momento em que Jesus recusa-se a sacrificar o cordeiro da Páscoa, por volta dos seus quinze anos de idade. Ele interpõe-se entre o mestre e seu aluno, numa demonstração de força para afirmar sua autoridade.

> Respirava-se na atmosfera a tensão que prenunciava as trovoadas, e, para confirmá-lo, o primeiro relâmpago rasgou os ares no momento preciso em que o rebanho apareceu aos olhos de Jesus. Não choveu, era uma daquelas trovoadas que denominamos secas, que assustam mais do que as ouras, porque perante elas nos sentimos realmente sem defesa, sem a cortina, para lhe chamarmos assim, e que nunca imaginaríamos protectora, da chuva e do vento, em verdade esta batalha é um enfrentamento directo, entre um céu que se rasga e atroa e uma terra que estremece e se crispa, impotente para responder aos golpes. (ESJC: 256)

A TRINDADE PROFANA DE SARAMAGO

A demonstração de Deus serviu para afirmar que sua vontade será sempre maior e necessária, será cumprida mesmo que pela força. Jesus, seu filho, que não apresentara o cordeiro em sacrifício, em seu primeiro ato de rebeldia para com Deus, não pode resistir-lhe. Diabo, da mesma forma, não lhe pode resistir. Ante o poder do Senhor, a terra "estremece e se crispa, impotente para responder aos golpes". O cordeiro que não fora sacrificado, sê-lo-á quando se tornar ovelha, três anos mais tarde, no primeiro encontro de Jesus com o Pai.

No deserto, fustigado, nu e descalço, o Cristo encontra sua ovelha perdida. Ele encontra também Deus em forma de uma coluna de fumo, que lhe anuncia parte de seu plano de renovação religiosa. *Iahweh* pede a vida do moço: "E a minha vida, quere-la para quê, Não é ainda tempo de o saberes, ainda tens muito que viver, mas venho anunciar-te, para que vás bem dispondo o espírito e o corpo, que é de ventura suprema o destino que estou a preparar para ti" (ESJC: 263). Uma troca, diz Deus, porém a paga só virá após o sacrifício.

Em seguida, para selar o contrato, o Senhor lhe pede o sacrifício da ovelha que a ele fora negada há três anos – os rituais de sacrifício de animais eram os utilizados para contratar-se o Deus do Antigo Testamento (ver a descrição dos rituais em Lv 1:1 – 7:38). Dar a vida daquele animal representava mais que um ato de obediência, um restabelecimento da hierarquia quebrada quando da negação.

> Posso levar a minha ovelha, (...) Não, Porquê, Porque ma vais sacrificar como penhor da aliança que acabo de celebrar contigo, Esta ovelha, Sim, Sacrifico-te outra, vou ali ao rebanho e volto já, Não me contraries, quero esta, Mas repara, Senhor, que tem defeito, a orelha cortada, Enganaste, a orelha está intacta, repara, Como é possível, Eu sou o Senhor, e ao Senhor nada é impossível, Mas esta é a minha ovelha, Outra vez te enganas, o cordeiro era meu e tu tiraste-mo, agora a ovelha paga a dívida, Seja como queres, o mundo todo pertence-te e eu sou o teu servo, Sacrifica então, ou não haverá aliança, Mas vê, Senhor, que estou nu, não tenho cutelo nem faca, estas palavras disse-as Jesus cheio de esperança de poder ainda salvar a vida da ovelha, e Deus respondeu-lhe, Não seria eu o Senhor se não pudesse resolver-te essa dificuldade, aí tens. (ESJC: 263-4)

Este fora o momento em que Deus obteve um sim de Jesus, tratando-lhe como servo e não como filho, que essa revelação lhe será dada pelo demônio e só mais tarde. O que há de vir necessita da inconsciência de Cristo sobre o fato para que ocorra conforme o planejado: o descrédito dos familiares, o sentimento de abandono até que não lhe reste nada a não ser a promessa, ou melhor, o pacto com o Senhor.

Maquiavélico, para Deus a sua moral não considera o que seja bom, contrafazendo-o deliberadamente, porque a sua vontade é a lei (ESJC: 371). E, quando questionado acerca de Pastor, se anjo ou demônio, esquiva-se dizendo ser alguém que ele mesmo conhece, esquiva-se e dá a prova do que dissemos, afirmando não haver distinções de bem ou mal perante a sua vontade, que esta é uma questão secundária ante seus interesses expansionistas:

> Jesus perguntou, E agora, posso-me ir embora, Podes, e não te esqueças, a partir de hoje pertences-me, pelo sangue, Como devo ir-me de ti, Em princípio, tanto faz, para mim não há frente nem costas, mas o costume é ir recuando e fazendo vénias, Senhor, Que enfadonho és, homem, que temos mais agora, O pastor do rebanho, Que pastor, O que anda comigo, Quê, É um anjo, ou um demónio, É alguém que eu conheço, Mas diz-me, é anjo, é demónio, Já to disse, para Deus não há frente nem costas (...). (ESJC: 264)

O Senhor considera seu filho um instrumento, assim como a toda a humanidade e como ao próprio Diabo. Tudo o que criara era bom, diz o texto de Gênesis 1:31, porque tudo fora feito para o seu louvor e isso ele não reparte com ninguém, assim o disse o profeta Isaías: "Eu sou *Iahweh*; este é o meu nome! Não cederei a outrem a minha glória, nem a minha honra aos ídolos. As primeiras coisas já se realizaram, agora vos anuncio outras, novas; antes que elas surjam, eu vo-las anuncio" (Is 42:8-9). Deus trabalha pelo cumprimento de sua palavra e pela manutenção de seu poderio. Fez Jesus, seu filho, para que seu reino fosse renovado e estendido por vários séculos a mais.

Os romanos eram quem dominava a terra na época de Cristo. Israel não tinha forças para lutar contra todo o seu poderio. O plano do Senhor era simples: conquistando os romanos, adquire-se garantia de sobrevivência e expansão para a influência de sua majestade divina sobre a terra do Ocidente medieval. Não importando as consequências desastrosas da ação que ali se planejava: mortes, torturas, guerras e tudo o que pode fazer mal à humanidade, que fora feito no passado e que ainda hoje se pratica, toda a opressão trazida pela ideia de uma eternidade de paz, de purificação dos pecados, de renovação da terra, de inferno, de demônios, de santos, de castigos, de purgatório etc.

E o narrador divaga sobre o que poderia ser feito por Deus, como pai, no momento em que Jesus vê-se solitário e entrega-se ao pranto, liberando "lágrimas de abandono e de solidão" (ESJC: 303):

> (...) quem sabe se o Senhor não resolverá aparecer-lhe outra vez, mesmo que seja em figura de fumo e de nuvem, a questão é que lhe diga, Homem, o caso não é para tanto, lágrimas, soluços, que é isso, todos nós temos nossos maus bocados, mas há um ponto importante de que nunca falámos, digo-te agora, na vida, percebes, tudo é relativo, uma coisa má até pode tornar-se sofrível se a compararmos com uma coisa pior, portanto enxuga-me essas lágrimas e porta-te como homem, já fizeste as pazes com teu pai, que mais queres, e essa cisma da tua mãe, eu me encarrego quando chegar a altura, o que não me agradou muito foi a história com Maria de Magdala, uma puta, mas enfim, estás na idade, aproveita, uma coisa não empata a outra, há um tempo para comer e um tempo para jejuar, um tempo para pecar e um tempo para ter medo, um tempo para viver e um tempo para morrer. (ESJC: 303-4)

Não foram de Deus tais palavras e, nelas, também se encontram instiladas umas gotas de ironia: "um tempo para pecar e um tempo para ter medo", em vez de "um tempo para pecar e um tempo para ser perdoado", porque esse Senhor não dá nada que não tenha um preço a ser pago. Ao casal de Nazaré deu sua semente e cobrou-lhes o sossego e a vida, a Jesus deu glória e poder no mundo, mas somente após a consumação do plano divino para a humanidade. Sempre uma coisa em troca de outra, essa é a sua conduta.

Somente após a descrença da família em Jesus, quando ele fora juntar-se a Maria de Magdala, é que o anjo do Senhor aparece a Maria de Nazaré a anunciar-lhe a verdade acerca de seu primogênito: que é filho de Deus e que tudo quanto lhe contara fora verdade, por isso deveria ir buscá-lo e pedir perdão, seguindo o que dizia seu sentimento de mãe (ESJC: 311-4).

A TRINDADE PROFANA DE SARAMAGO

Jesus, encontrado pelos irmãos Tiago e João, a quem a mãe recrutou para procurá-lo, não retorna para o lar, aguarda o que lhe fora dito por Deus que se cumpriria: o segundo encontro e a consumação do pacto. Tudo em perfeita ordem, como queria a vontade absoluta de Deus. Entretanto, o que não é sabido de Cristo é que o Senhor, como afirma o anjo, na conversa com Maria, é "sempre o contrário de como os homens o imaginam" (ESJC: 312). Esperava Jesus um Senhor de bondade eterna e inabalável, mas o que encontrou foi um tirano com um egoísmo e uma maldade dissimulados – isso lhe será evidente após o encontro com Deus no mar.

O encontro e a conversa com Deus e Diabo dão-se no mar. Jesus levanta-se, avista o nevoeiro e sabe que o Senhor quer-lhe falar naquele dia. Essa é a conversa mais importante de todo *O Evangelho Segundo Jesus Cristo*, aí é que serão reveladas todas as ações e as consequências das ações do filho de Deus na terra. A cobaia do Senhor, sabendo já que é também seu filho, porque o demônio lhe revelara, quer saber, nos mínimos detalhes, o que acontecerá.

Deus, que antes se apresentara em forma de coluna de fumo, agora, apresenta-se "como um judeu rico" e confirma a Jesus sua paternidade. Ele há de responder duas questões: a primeira, que já o dissemos, respeita a sua paternidade; a segunda respeita às ações obrigatórias ao Cristo no contrato. E o Senhor é direto em sua resposta, explicando de forma clara e detalhada tudo o que acontecerá antes e após o sacrifício (ESJC: 364-94). Alguns momentos dessa conversa merecem análise neste capítulo.

O primeiro deles é a aparência divina: "um judeu rico" e, quando aparece Pastor, "tirando as barbas de Deus, eram como gémeos" (ESJC: 368). Enquanto o Diabo apresenta-se em forma de mendigo, o Senhor ostenta a aparência dos poderosos de seu povo, como pertencente ao grupo dominador, tanto econômica quanto politicamente. Todavia, em momento mais avançado do diálogo dos três, há uma confusão de identidades, falam de deuses que serão criados e uma voz maior, a do nevoeiro, refere-se a heterônimos. Vejamos:

> Mas então, perguntou Pastor, quem vai criar o Deus inimigo. Jesus não sabia responder, Deus, se calado estava, calado ficou, porém do nevoeiro desceu uma voz que disse, Talvez este Deus e o que há-de vir não sejam mais do que heterónimos. De quem, de quê, perguntou, curiosa, outra

voz, De Pessoa, foi o que se percebeu, mas também podia ter sido, Da Pessoa. Jesus, Deus e o Diabo começaram por fazer de conta que não tinham ouvido, mas logo a seguir entreolharam-se com susto, o medo comum é assim, une facilmente as diferenças. (ESJC: 389-90)

Esse fragmento deixa brechas, sem afirmar nada, de que o Criador também possa ser uma criatura, ou um heterônimo do próprio Diabo, ou um heterônimo do próprio homem, ou mesmo uma criação do discurso de um homem. Quando responde à outra voz, porque são duas, afirma ser um heterônimo "de Pessoa" – deixemo-nos levar pelas conjecturas, sabendo que são somente especulações e assim terminarão, porque não podemos provar, podemos supor –, de imediato, vem-nos a imagem do poeta português: Fernando Pessoa, que tinha lá seus heterônimos e um deles até construiu uma história de Jesus e sua família e Deus, um Deus assaz heterodoxo:

> O seu pai eram duas pessoas –
> Um velho chamado José, que era carpinteiro,
> E que não era pai dele;
> E o outro pai era uma pomba estúpida,
> A única pomba feia do mundo
> Porque não era do mundo nem era pomba.
> E a sua mãe não tinha amado antes de o ter.
>
> Não era mulher, era uma mala
> Em que ele tinha vindo do céu.
> E queriam que ele, que só nascera da mãe,
> E nunca tivera pai para amar com respeito,
> Pregasse a bondade e a justiça!
>
> (...)
>
> Diz-me muito mal de Deus.
> Diz que ele é um velho estúpido e doente,
> Sempre a escarrar no chão
> E a dizer indecências. (CAEIRO, 2001: 209-10)

Um segundo momento, merecedor de comentários, refere-se à insatisfação dos homens, que é fruto, imagem e semelhança da insatisfação de Deus. Nas palavras da divindade:

A TRINDADE PROFANA DE SARAMAGO

> A insatisfação, meu filho, foi posta no coração dos homens pelo deus que os criou, falo de mim, claro está, mas essa insatisfação, como todo o mais que os fez à minha imagem e semelhança, fui eu buscá-la aonde ela estava, ao meu próprio coração, e o tempo que desde então passou não a fez desvanecer, pelo contrário, posso dizer-te, até, que o mesmo tempo a tornou mais forte, mais urgente, mais exigente. (ESJC: 369)

Seu tédio, sentido pela prolongada autoridade exercida sobre "um povo pequeníssimo que vive numa parte diminuta do mundo" (ESJC: 370), arrastado já há mais de quatro mil anos, fez com que arquitetasse o plano de expansão de sua influência sobre a face da terra criada. Informação essa que contraria as palavras sagradas, uma vez que, pelo discurso teológico cristão, seu plano salvador inicia-se já no mesmo instante em que Adão e Eva caem em tentação, por comerem o fruto da árvore do conhecimento. O Deus que não dorme, que guarda o seu povo Israel de dia e de noite (Sl 121), cansou-se de seu ofício e, agora, quer mais para si, independentemente dos efeitos colaterais de sua ação, porque, para ele, "os fins justificam os meios" (ESJC: 388).

Também, ainda no diálogo que nos toma neste momento, o Criador faz referência à existência de outros deuses em outras religiões, negando, de chofre, a Bíblia quando diz que não há outro Deus que não o Senhor (Dt 4:35). Jesus, por um instante, apercebe-se do interesse do Diabo na conversa toda:

> Percebo agora por que está aqui o Diabo, se a tua autoridade vier a alargar-se a mais gente e a mais países, também o poder dele sobre os homens se alargará, pois os teus limites são os limites dele, nem um passo mais, nem um passo menos, Tens toda razão, meu filho, alegro-me com a tua perspicácia, e a prova disso tem-la tu no facto, em que nunca se repara, de os demónios de uma religião não poderem ter qualquer acção noutra religião, como um deus, imaginando que tivesse entrado em confronto directo com outro deus, não o pode vencer nem por ele ser vencido, (...) [e um] pacto há entre os deuses, esse, sim, inamovível, nunca interferir directamente nos conflitos (...). (ESJC: 371)

Para esse Deus, o homem é somente uma ferramenta, uma peça de um jogo partilhado entre os deuses todos, quantos existirem. "O homem é pau para toda colher" (ESJC: 372) e a colher é Jesus, a colher que o Senhor meterá na panela, que é a humanidade, e retirará os homens que a ele servirão e nele acreditarão. O discurso que se vai usar é o do arrependimento, segundo o Senhor, o que mais tocará a sensibilidade humana, uma vez que a raça tornou-se inseparável do pecado (ESJC: 376). A tarefa de Jesus é ajudar o Senhor a vencer outros deuses, ou a sobrepor a soberania desta religião, que se chamará Católica, às demais, a ponto de negar-lhes a própria existência. Fundar-se-á uma religião com tendências universalistas, que se assenhoreará não só das questões da alma, mas, também, do poder temporal.

As consequências de todo esse movimento ver-se-ão, resumidamente, que se gastam muitas páginas nas minuciosas descrições dos sofrimentos humanos, na fala de Jesus a Deus: "Morrerão centenas de milhares de homens de mulheres, a terra encher-se-á de gritos de dor, de uivos e roncos de agonia, o fumo dos queimados cobrirá o sol, a gordura deles rechinará sobre brasas, o cheiro agoniará, e tudo isto será por minha culpa, Não por tua culpa, por tua causa" (ESJC: 391).

Finda a conversa e Deus faz com que os sinais acompanhem a Jesus. A última aparição do Senhor dar-se-á quando Jesus já estiver crucificado e moribundo, quando "de súbito o céu por cima da sua cabeça se abre de par em par e Deus aparece, vestido como estivera na barca, e a sua voz ressoa por toda a terra, Tu és o meu filho muito amado, em ti pus toda a minha complacência" (ESJC: 444). Este será o último ato para a consumação do plano.

5.4. A CONCEPÇÃO, A FORMAÇÃO E O MINISTRÉIO DE JESUS

Das análises dos personagens, esta será mais longa, uma vez que trata do personagem central do romance de José Saramago: Jesus, o filho de Deus. Para facilitar o exame, com fins exclusivamente didáticos, dividimos a história de Cristo em três partes fundamentais: 1) concepção: da concepção à sua primeira saída de casa; 2) formação: da viagem a Jerusalém a sua segunda saída de casa; e 3) ministério: do retorno à casa de Maria de Magdala a sua crucificação.

A concepção de Jesus deu-se, aparentemente, de forma natural: José visitou a Maria, sua esposa, e, após nove meses, nasceu-lhes o primogênito, cujo nome fora escolhido pelo próprio pai. Um menino ordinário, filho de carpinteiro e mãe cardadora, apenas com um destino diferenciado, o que não lhe será anunciado nesta primeira parte da história, que, aqui, o narrador opta por dar a ver as condições adversas da terra de Belém nos primeiros dias de nascido do rebento.

Sua educação fora igual a de todos os garotos de sua idade naquelas terras, iniciando-se com uma instrução elementar, passando a lei escrita ou estudo da Tora e findando no estudo da lei oral, essa muito mais complexa (ESJC: 144). Saramago, em seu relato, não sublinhou a educação superior de Jesus e, provavelmente, a de José, que é um dado levantado pela especulação histórica (FLUSSER, 2002), para melhor compor a humanidade de Cristo. Talvez, o escritor de *O Evangelho Segundo Jesus Cristo*, ao maquiar os dados da história, esteja pondo este discurso, da mesma forma como faz com o discurso teológico, em questão.

O esforço para simplificar a figura de Jesus segue com a descrição, agora, da curiosidade que lhe tinha, um traço de humanidade simples presente em quase todos os garotos. Essa curiosidade o levou, certa feita, a inquirir do pai a natureza dos pesadelos que o atormentavam. O menino não sabia que ele mesmo era a causa de tudo, que, na ânsia de salvá-lo, José acabou-se por esquecer os filhos das mulheres de Belém, quando soube que Herodes havia mandado matar as crianças de colo do povoado.

A TRINDADE PROFANA DE SARAMAGO

> Um dia, Jesus, numa ocasião em que ajudava o pai a juntar as partes duma porta, cobrou-se de ânimo e fez-lhe a pergunta, e ele, depois de um silêncio demorado, sem levantar os olhos, disse isto apenas, Meu filho, já conheces os teus deveres e obrigações, cumpre-os a todos e encontrarás justificação diante de Deus, mas cuida também de procurar na tua alma que deveres e obrigações haverá mais, que não te tenham sido ensinados, Esse é o teu sonho, pai, Não, é o pensamento que não foi pensado quando devia, agora tenho-o comigo todas as noites, não posso esquecê-lo, E que era o que devias ter pensado, Nem tu podes fazer-me todas as perguntas, nem eu posso dar-te todas as respostas. (ESJC: 143)

Essas palavras de José: "Nem tu podes fazer-me todas as perguntas, nem eu posso dar-te todas as respostas", vão fixar-se no coração de Jesus como uma tatuagem, porque ação constante em sua vida futura será a de olvidar sempre algumas informações a respeito de si. A ele, da mesma forma, serão negadas informações acerca das coisas que lhe acontecerão no futuro, dando-se a ver, essas coisas, somente no momento em que são para ser consumadas, como no caso de sua crucificação mais adiante.

A crucificação que interessa agora é a de José, Jesus é quem o encontra:

> Jesus não vê o pai, o coração quer encher-se-lhe de alegria, mas a razão diz, Espera, ainda não chegámos ao fim, e realmente o fim é agora, deitado no chão está o pai que eu procurava, quase não sangrou, só as grandes bocas das chagas nos pulsos e nos pés, parece que dormes, meu pai, mas não, não dormes, não poderias, com as pernas assim torcidas, já foi caridade terem-te descido da cruz, mas os mortos são tantos que as boas almas que de ti cuidaram não tiveram tempo para endireitar-te os ossos partidos. O rapazinho chamado Jesus está ajoelhado ao lado do cadáver, chorando, quer tocar-lhe, mas não se atreve, porém chega o momento em que a dor é mais forte que o temor da morte, então abraça-se ao corpo inerte, Meu pai, meu pai, diz, e outro grito se junto ao dele, Ai José, ai meu marido (...). (ESJC: 170)

Essa é a primeira perda considerável de Jesus, a do pai que terá como seu para o resto de sua existência na terra. Deste, herda umas chinelas e roupas e um sonho (ESJC: 184). Agora é Maria de Nazaré que terá de dar-lhe conta da natureza daqueles pesadelos. Sendo o primogênito, é chefe da família e não há nada que sua mãe lhe possa esconder. E ela não esconde, revela a Jesus toda a verdade a respeito da culpa de José (ESJC: 185-8), não sem relutar, mas a autoridade de Jesus sobrepôs-se a sua resistência. Eis o seu segundo trauma: a revelação da morte dos inocentes de Israel. Jesus não consegue suportar a consciência e evade-se de casa pela primeira vez. Ele vai procurar respostas às questões que se formaram em sua cabeça, vai buscar ajuda na Casa do Senhor, o Templo de Jerusalém. Inicia-se aí o período de sua formação mais complexa. Jesus deixara, aos seus próprios olhos, de ser normal. As mudanças intensificar-se-ão ainda mais.

No primeiro dia de viagem, Jesus é acolhido por uma família em Jenin, um início confortável, porém as adversidades também o aguardam: ele dorme na rua e é assaltado (ESJC: 198-9); tem fome, mas "roubar, este rapaz não pode, pedir, este rapaz não quer" (ESJC: 204). A sorte foi que encontrou um bom fariseu par lhe dar comida (ESJC: 205). Sua retidão parece refletir a retidão de seu pai José. E o abandono doméstico, sendo o primogênito da família de nove irmãos e uma mãe viúva, tendo obrigações para com o sustento do lar, não maculava sua retidão. Os tormentos que lhe tomavam eram mais fortes que as responsabilidades que lhe reclamavam. Então, o filho de José crucificado foi-se em busca de alento para a sua alma abatida.

No Templo, um homem levanta a mão para questionar acerca das promessas de Deus a Israel de dar-lhe sempre vitória sobre o inimigo. O sacerdote, inclinado a pensar tratar-se de um rebelde querendo incitar o povo contra os romanos, aceita o desafio e vence, levando todos à conclusão de que tudo o que acontece depende da vontade de Deus, que os romanos podem estar sendo usados para a punição de Israel, por conta do pecado, e que o homem é livre "para poder ser castigado" (ESJC: 207-9).

Outro homem atreve-se, sua pergunta é sobre o estrangeiro, que o Senhor ordenou amar e tratar como compatriotas. Ele quer saber se, sendo Israel, algum dia, poderoso, não oprimirá o estrangeiro também, desrespeitando a lei do Senhor, ao que o sacerdote retruca, afirmando que não violarão o direito do estrangeiro quando ele o tiver e Israel reconhecer-lho (ESJC: 209-11).

Jesus levanta a sua mão, sua questão é sobre a culpa. Num primeiro momento, não lhe reconhecem seriedade, mas mudam logo que o veem falar:

> O que quero saber é sobre a culpa, Falas de uma culpa tua, Falo de culpa geral, mas também da culpa que eu tenho mesmo não tendo pecado directamente, Explica-te melhor, Disse o Senhor que os pais não morrerão pelos filhos nem os filhos pelos pais, e que cada um será condenado à morte pelo seu próprio delito, Assim é, mas deves saber que se tratava de um preceito para aqueles antigos tempos em que a culpa de um membro duma família era paga pela família toda, incluindo os inocentes, Porém, sendo a palavra do Senhor eterna e não estando à vista o fim das culpas, lembra-te do que tu próprio disseste há pouco, que o homem é livre para poder ser castigado, creio ser legítimo pensar que o delito do pai, mesmo tendo sido punido, não fica extinto com a punição e faz parte da herança que lega ao filho, como os viventes hoje herdaram a culpa de Adão e Eva, nossos primeiros pais, (...) A culpa é como um lobo que come o filho depois de ter devorado o pai, Esse lobo de que falas já comeu o meu pai, Então só falta que te devore a ti, E tu, na tua vida, foste comido ou devorado, Não apenas comido e devorado, mas vomitado. (ESJC: 211-3)

Não houve perdão para José e a sua culpa, que também é de Deus, recai sobre Jesus, em sua consciência, como um fardo insuportável. Após estas palavras do sacerdote ele vai a Belém para visitar o lugar onde nasceu e, no caminho, acomete-o a certeza de que para ele não há caminho de volta, como uma mosca que se enrosca na teia da aranha, esta é a imagem que o narrador utiliza (ESJC: 215), Jesus estava preso ao pecado do pai – e aqui falamos dos dois pais, o terreno e o celestial –, condenado a suportá-lo até a morte, fustigando-o, lembrando-o de sua dívida para com as mães desfilhadas de sua terra natal.

Ele encontra o túmulo das vinte e cinco crianças, o memorial da tristeza daquela terra, e, lá, por ironia do destino, encontra aquela que lhe trouxe ao mundo, a escrava Zelomi, que o vai levar onde lhe fez vir à luz quatorze anos antes. O pensamento desprega-se do terreno da memória para alçar voo em reflexões proibidas a um judeu convicto:

> (...) o pensamento, como uma súbita fresta, abriu-se para a
> ofuscante evidência de ser o homem um simples joguete nas
> mãos de Deus, eternamente sujeito a só fazer o que a Deus
> aprouver, quer quando julga obedecer-lhe em tudo, quer
> quando em tudo supõe contrariá-lo. (ESJC: 219-20)

O pensamento voou e o pôs ante uma das máximas do próprio "Quinto Evangelho" como um todo. Toda a história que se desenrola em torno de Cristo fora previamente programada pelo Senhor, também pelo Diabo, os indícios levam a crer nisso. Os erros, os crimes, as culpas, tudo conspira para o cumprimento da vontade de Deus. E seu filho, o Cristo, é a maior vítima, porque ele será mandado como ovelha muda ao matadouro, conforme a predição o profeta Isaías (Is 53:7). Inconscientemente, esse herói segue o programa construído por Deus para a sua execução – a ambiguidade aqui é propositada, porque valem os dois sentidos do que se disse.

É na cova em que nascera que encontrará Pastor. Há quatorze anos saíra dali para o mundo e neste dia sairá novamente para outro mundo, diverso daquele que conhecera e que para o qual não poderá voltar jamais. Seu tutor será o próprio Diabo, porque Deus o quis assim: "Tinhas de viver com alguém, comigo não era possível, com a tua família não querias, só restava o Diabo" (ESJC: 368), essas são as palavras que o próprio Jesus ouvirá quando se encontrar com Deus pela segunda vez e questionar o porquê de tê-lo entregue aos cuidados de seu aparente opositor. Mas, antes do encontro, reflete Jesus sobre a culpa que o acompanha:

> (...) pagam os pais pelas culpas que tiverem, os filhos pelas
> que vierem a ter, assim me foi explicado no Templo, mas se
> a vida é uma sentença e a morte uma justiça, então nunca
> houve no mundo gente mais inocente que aquela de Belém,
> os meninos que morreram sem culpa e os pais que essa
> culpa não tiveram, nem gente mais culpada terá havido que
> meu pai, que se calou quando deveria ter falado, e agora este
> que sou, a quem a vida foi salva para que conhecesse o
> crime que lhe salvou a vida, mesmo que outra culpa não
> venha a ter, esta me matará. (ESJC: 223)

Após essa reflexão, aparece Pastor e arrebanha-o, demonstrando ciência a respeito da vida de Jesus e justificando isso com respostas dissimuladas. Pastor é o nome que ele mesmo dá para si quando o adolescente questiona sua identidade, "é o suficiente para que me tenhas se me chamares, (...) Recebo-te no meu rebanho" (ESJC: 227). O cordeiro de Deus é recebido no rebanho do Diabo, o inverso irônico das possibilidades bíblicas.

Importante lembrar é que todo esse período que aqui denominamos de formação não consta das Escrituras. Neste momento da narrativa, tem o autor maior liberdade para dialogar com o processo de sacralização da figura de Jesus Cristo, de sua passagem do espaço mundano para o espiritual. Tudo o que se dará neste espaço de tempo de quatro anos em companhia do Diabo confrontar-se-á com o que o garoto aprendera em sua infância: os preceitos, as autoridades, as virtudes, o bem e o mal. Os debates serão constantes e calorosos, acerca do louvor a Deus (ESJC: 232-4), do corpo (ESJC: 236-7), do sexo e do trato para com os animais (ESJC: 237), e Jesus ainda o segue, mesmo tendo todas as suas certezas confrontadas: "Não vou com ele, dissera, mas foi. Acomodou o alforje ao ombro, ajustou as correias das sandálias que tinham sido do pai e seguiu de longe o rebanho. Juntou-se a ele quando a noite caiu, apareceu da escuridão para a luz da fogueira, e disse, Aqui estou" (ESJC: 238).

A convivência entre os dois era agradável, levavam uma vida boa (ESJC: 240). Jesus cuidava das ovelhas e Pastor cuidava de Jesus, como um pai cuida do filho (ESJC: 243). Assim, elenca o narrador os motivos que faziam com que Jesus restasse ainda com seu tutor:

> Jesus acabou por sentir-se bem na companhia de Pastor, imaginemo-lo por nós, a consolação que será não vivermos sozinhos com a nossa culpa, ter ao lado alguém que a conhecesse e que, não tendo de fingir perdoar o que perdão não possa ter, supondo que estaria em seu poder fazê-lo, procedesse conosco com rectidão, usando de bondade e de severidade segundo a justiça de que seja merecedora aquela parte de nós que, cercada de culpas, conservou uma inocência. (ESJC: 244)

Um ano de vida como ajudante de pastor, Jesus resolve ir celebrar a páscoa em Jerusalém. Pastor, para testá-lo, ordena que pegue um cordeiro para o sacrifício. Ele se recusa, porque não levaria à morte o que ajudou a criar (ESJC: 245). Dinheiro não tinha, mas acreditava que o cordeiro lhe seria provido. Assim, viu-se obrigado a esmolar até que um homem velho resolve dar-lhe um cordeiro para o sacrifício (ESJC: 247). Mas Jesus poupá-lo-á, o cordeiro, somando mais uma falta ao seu fardo e "o dia chegará, porque Deus não esquece, em que terá de pagar por todas elas" (ESJC: 250).

A convivência com Pastor já começa a dar mostras de resultado. O filho de Deus já não está tão reto quanto como quando saíra de casa, ou quando morava com o pai. As angústias, somadas aos argumentos bem postos de Pastor, influenciavam Jesus contra os preceitos divinos. O cordeiro não fora sacrificado agora, há de ser mais tarde. Seu espírito baralha-se porque não sabe que é neste momento que seus olhos começam a enxergar outro matiz da verdade sobre a lei divina, sobre Deus e o Diabo.

Quando intenta voltar ao rebanho, avista a família. Esse será o primeiro encontro desde que saíra de casa há um ano. Ele pensa em fugir, mas não se atreve. Encontram-se e as palavras que lhe saem da boca não agradam a mãe. Fala de seu intento salvador do cordeiro e de sua necessidade de salvação pessoal: "se salvo este cordeiro é para que alguém me salve a mim" (ESJC: 253). Fala de Pastor e a mãe o reconhece de imediato. Ela pede que o filho volte para casa, que abandone o Demônio e que sacrifique o cordeiro, ao que Jesus responde: "Mãe, os cordeiros que de ti nasceram terão de morrer, mas tu não hás-de querer que morram antes do tempo" (ESJC: 254). Maria recusa-se a aceitar a Jesus vivendo em companhia de Pastor.

> Louvado seja o Senhor que me deu um filho sábio, a mim que sou um pobre ignorante, mas sempre te digo que essa não é ciência de Deus, Também se aprende com o Diabo, E tu estás em poder dele, Se foi pelo poder dele que este cordeiro teve a sua vida salva, alguma coisa se ganhou hoje no mundo, Maria não respondeu. (...) levantou-se, Encontrei o meu filho e tornei a perdê-lo, disse, e Jesus respondeu, Se não o tinhas perdido já, não foi agora que o perdeste. (ESJC: 254-5)

Jesus, então, faz o caminho de volta a Ayalon e, quando avista o rebanho ao longe, relâmpagos caem do céu, fazendo queimar uma figueira. A manifestação era de Deus, uma demonstração de poder, tanto para Jesus quanto para Pastor. O cordeiro do sacrifício fora-lhe negado nesta data. Pastor até marcalhe a orelha para que Jesus não o perca entre os outros animais. Mas ele perde-se três anos mais tarde, sendo, agora, ovelha, e é Pastor quem incube o aprendiz de ir buscá-lo. Duas opções tem o procurador: prados viçosos e deserto: "Ao deserto irá pois Jesus, para lá se encaminha já, sem que Pastor se tenha surpreendido com a resolução, antes, calado, a aprovou, num lento e solene movimento da cabeça que, estranha a ideia, podia ser também tomado com um aceno de despedida" (ESJC: 260).

Nesta altura do livro, o leitor ainda não sabe do conchavo existente entre Pastor e Deus. O movimento do narrador parece ser o de pintar um Diabo tão dissimulado e egoísta quanto Deus. Seu aceno de despedida deu-se porque ele mesmo sabia que estava mandando Jesus para o encontro com o Senhor, que neste encontro seria selado o contrato e que não haveria mais forma de voltar atrás. Jesus vai inocente, como fora a ovelha guiada ao deserto de Jericó. Ao caminho é fustigado pelo deserto, despe-se, descalça-se e encontra-se com a ovelha perdida e com Deus em forma de uma coluna de fumo:

> Trouxeste-me aqui, que queres de mim, perguntou, Por enquanto nada, mas um dia hei-de querer tudo, Que é tudo, A vida, (...) a minha vida, quere-la para quê, Não é ainda tempo de o saberes, ainda tens muito que viver, mas venho anunciar-te, para que vás bem dispondo o espírito e o corpo, que é de ventura suprema o destino que estou a preparar para ti, (...) dá-me hoje o que tens guardado para dar-me amanhã, Quem te disse que tenciono dar-te alguma coisa, Prometeste, Uma troca, nada mais que uma troca (...).
> (ESJC: 263)

Este é o trato que o Senhor propõe ao rapaz, que não lhe pode resistir: a vida por poder e glória após a morte. Enquanto isto, enquanto Deus prepara todo o caminho, os sinais de milagres acompanharão Jesus, que enfrentará uma longa espera até que lhe surja novamente o Senhor, mas sem o Pastor, que, quando soube do sacrifício da ovelha para selar o pacto, despediu-o – seu trabalho havia terminado.

O rumo de Jesus é solitário e para o Norte. Num dos momentos, ele se senta às margens do Jordão e põe os pés feridos dentro d'água, tem a ilusão de que o pai lhe aparece repetindo as palavras de Pastor – "não aprendeste nada" –, reflete sobre todos os acontecimentos de sua vida sobre o destino da ovelha: "por que é que um cordeiro que tinha sido salvo da morte veio a morrer ovelha" (ESJC: 269). Ele não sabia que a pergunta também diria respeito a si, que fora poupado criança para ser sacrificado homem. Então arremata o narrador: "nenhuma salvação é suficiente, qualquer condenação é definitiva" (ESJC: 269-70).

O primeiro dos milagres fora a pesca maravilhosa, que aconteceu de surpresa, tanto para Jesus quanto para os homens que com ele estavam no barco, Simão e André. Jesus, ali, ajudava como podia, quase nada, pela pouca experiência. Um dia foi ao barco dos irmãos, "ele próprio rindo de sua falta de habilidade" (ESJC: 273) e ousou:

> (...) propôs que se fizessem três últimas tentativas, Quem sabe se o rebanho dos peixes, conduzido pelo seu pastor, terá vindo cá para o nosso lado. Simão riu, Essa é outra vantagem que têm as ovelhas, poderem ser vistas, e para André, Lança lá a rede, se não se ganha, também não se perde, e André lançou a rede e a rede veio cheia. Arregalaram-se de espanto os olhos dos dois pescadores, mas o assombro transformou-se em portento e maravilha quando a rede, lançada mais uma vez e outra ainda, voltou cheia duas vezes. (ESJC: 274)

Após o milagre, Jesus anuncia a sua partida para Nazaré, de volta para casa. Volta, mas, à saída de Magdala, estoura-lhe uma ferida nos pés e o único recurso fora pedir ajuda às portas de uma casa posta mais afastada do vilarejo. Era a casa de Maria de Magdala, aquela que será sua companheira para o resto de sua existência. Com Maria de Magdala, Jesus detém-se por uma semana. Enamorou-se dela e ela dele. Com ela ele perdeu a virgindade e descobriu algumas facetas do amor, o amor de mulher. Por sua vez, Maria, que era prostituta, decide-se por abandonar o ofício em nome desse sentimento que lhe nascera. Mas Jesus ainda vai voltar a Nazaré e ela promete esperá-lo o tempo que for preciso.

A afinidade existente entre Jesus e Maria de Magdala será fundamental para que Jesus suporte o seu destino, ela substituíra os laços que ele havia perdido ou renegado: Pastor e a família. Sua presença constante é o consolo do Cristo. Uma mulher que, nos Evangelhos canônicos, é pecadora, aqui, inversamente, beatifica-se, é redimida de sua condenação histórica (FERRAZ, 1998).

A TRINDADE PROFANA DE SARAMAGO

No caminho para Nazaré, Jesus questiona-se a respeito de sua identidade, se a família o reconheceria, ela que não o conhece agora:

> Quem são minha mãe e meus irmãos, pergunta, não é que ele o não saiba, a questão é se sabem eles quem ele é, aquele que perguntou no Templo, aquele que contemplou os horizontes, aquele que encontrou Deus, aquele que conheceu o amor da carne e nele se reconheceu homem. (ESJC: 291-2)

Suspeitas confirmadas, Jesus tenta chegar-se, mas a distância que o separa de sua família parece maior que os espaços que os juntam. Tentou falar de si, de sua experiência com Deus, mas fora rejeitado, desacreditado. Não poderia ele, que se via sozinho no mundo, tendo como único lugar seguro, depois da casa de seu amor carnal, a casa da mãe, suportar mais essa situação. Fora-se, partira e, desta vez, para não voltar mais. Jesus, agora, acredita só ter Maria de Magdala no mundo e é para ela que ele vai voltar. Fecha-se, então, aqui, mais um ciclo da vida de Cristo, tudo o que tinha para acontecer aconteceu: Pastor, Deus, os milagres, a rejeição da família, Maria de Magdala. Inicia-se a última parte de sua história.

O ministério de Jesus, embora ainda não lhe tenha sido revelado de todo, inicia-se, de fato, quando ele sacrificara a ovelha a Deus, selando o pacto com sangue. Todavia, escolhemos o momento em que ele novamente sai da casa da mãe porque esse momento marca um seu terceiro nascimento. No primeiro, o natural, teve como pais o carpinteiro José e a cardadora Maria; no segundo, o próprio Diabo lhe servira de tutor, ocupando o lugar do primeiro pai; neste terceiro, ele terá como mãe Maria de Magdala, como o próprio Cristo reconheceu quando estivera com a prostituta: "Meus pais conceberam-me em Nazaré, e eu, verdadeiramente, nem em Belém nasci, nasci foi numa cova no interior da terra, e agora até me chega a parecer que voltei a nascer, aqui, em Magdala" (ESJC: 289).

É quando volta para Magdala, por não ter para onde ir, que a relação se consolida. Ambos comem o pão da verdade e Jesus, receoso de que a reação de Maria seja a mesma de sua mãe, revela à mulher toda a sua vida pregressa. E surpreende-se:

A TRINDADE PROFANA DE SARAMAGO

> Eu vi Deus. Maria de Magdala não se alterou, apenas as mãos que tinha cruzadas no regaço se moveram um pouco, e perguntou, Era isso o que tinhas para dizer-me se nos voltássemos a encontrar, Sim, e mais quanto me aconteceu desde que de casa saí, há quatro anos, que estas coisas me parece que estão todas ligadas uma às outras, mesmo não sabendo eu explicar porquê nem para quê, Sou como a tua boca e os teus ouvidos, respondeu Maria de Magdala, o que disseres estarás a dizê-lo a ti mesmo, eu apenas sou a que está em ti. (ESJC: 308)

Nessa ocasião, as palavras da mulher não poderiam ser postas de forma mais adequada. Isso de dizer que "sou apenas a que está em ti" traduz a sua própria situação para o resto da narração. Ela participará de todos os segredos de Cristo, das angústias, das esperas, ela o consolará quando ele precisar e quando não puder chegar-se a ele, ela o observará de longe. Sempre estará presente, sendo, talvez, a única salvação de Jesus, condenado ao sofrimento e à morte, sem qualquer culpa.

E seguem-se os sinais e os milagres antes do encontro programado entre o Senhor e seu filho. Convém comentá-los para perceber como Saramago desconstrói o discurso institucional que se fez a partir dos Evangelhos canônicos. Na Bíblia, os sinais aqui representados são: Jesus acalma a tempestade (Mt 8:23-27; Mc 4:37-41; Lc 8:22-25), água transformada em vinho (Jo 2:1-11), a cura da sogra de Pedro (Mt 8:14-5; Mc 1:30-1; Lc 4:38-9), o endemoninhado gadareno (Mt 8:28-34; Mc 5:1-15; Lc 8:27-35), alimentando cinco mil (Mt 14:15-21; Mc 6:35-44; Lc 9:12-17; Jo 6:5-13), a figueira que secou (Mt 21:18-22; Mc 11:12-4 e 20-5), o leproso purificado (Mt 8:1-4; Mc 1:40-5; Lc 5:12-4), o paralítico (Mt 9:2-7; Mc 2:3-12; Lc 5:18-25). Os acontecimentos relacionados a Lázaro são construídos de acordo com lógica do livro: a cura não está registrada em nenhum dos quatro evangelhos da Bíblia e a ressurreição é impedida.

Comecemos, então, pela tempestade acalmada. Na Bíblia, Jesus dormia e fora acordado pelos discípulos desesperados por salvamento. Aqui, Jesus compadece-se das pobres vidas que vão perecer, uma vez que ele sendo escolhido de Deus estava protegido e é esse sentimento que o encoraja a ordenar ao vento que se aquiete e ao mar que se acalme.

A TRINDADE PROFANA DE SARAMAGO

Nas bodas de Cana da Galileia, quando se acabou o vinho, ocasião em que também estava presente a família de Jesus, sua mãe, que, no relato bíblico confia plenamente em seu chamado e em seu poder, em *O Evangelho Segundo Jesus Cristo*, quer uma prova de que ele seja mesmo o filho de Deus. Jesus, num primeiro momento, repeliu com brutalidade a mãe, dizendo "Mulher, que há entre ti e mim, (...) [mas] compreendera que o Senhor se havia servido dela como antes se serviu da tempestade ou da necessidade dos pescadores" (ESJC: 346). Assim, transformou a água em vinho.

A cura da sogra de Pedro, nos Evangelhos canônicos, encarada como milagre, no "Quinto Evangelho", é posto como, talvez, obra do acaso, possível, conforme diz o narrador, que não nega:

> (...) não foi, propriamente falando, um milagre, afinal não é nenhuma coisa do outro mundo estar a sogra de Simão achacada de uma indefinida febre e chegar-se Jesus à cabeceira da cama, pôr-lhe a mão na testa, qualquer de nós já fez este gesto, apenas por impulso de coração, sem esperança de ver curados por essa maneira rudimentar e seu tanto mágica os males do enfermo, mas o que nunca nos acontecera foi sentir a febre sumir-se debaixo dos dedos de Jesus como uma água maligna que a terra absorvesse e reduzisse, e acto contínuo levantar-se a mulher e dizer, é certo que fora de propósito, Quem é amigo do meu genro, é meu amigo, e foi-se às lides da casa como se nada. (ESJC: 351)

Quando resolve ir-se à terra dos Gadarenos, no relato de Saramago, em busca de aventura, encontra um endemoninhado e o que para ele é de conhecimento pleno nos Evangelhos canônicos é-lhe revelado, no livro de Saramago, neste momento: que Jesus é o filho de Deus – "Que queres de mim, ó Jesus, filho do Deus altíssimo, por Deus te peço que não me atormentes" (ESJC: 354). Esse episódio fará com que Jesus reúna os discípulos e conte-lhes a respeito de sua experiência com Deus.

Após isso, viu-se Jesus rodeado por uma multidão de mais ou menos cinco mil homens, fora mulheres e crianças. E tiveram fome, estando ali somente o mantimento trazido por Simão, André, Tiago e João, ao que Maria de Magdala lhe disse: "Já chegaste ao ponto donde não podes voltar para trás, e a expressão da sua cara era de pena, não percebeu Jesus se dele ou da esfomeada gente"

(ESJC: 361). Jesus não tinha outra saída que operar seus milagres e tornar-se, conforme os planos divinos, conhecido dos homens. Ele fez multiplicar pães e peixes.

Quanto ao caso da figueira, nos Evangelhos canônicos, este episódio serve de exemplo para ensinar os seguidores do evangelho de Cristo. Em *O Evangelho Segundo Jesus Cristo*, é somente fruto de um momento de raiva de Jesus, causa da fome. A figueira, por não apresentar frutos, fora amaldiçoada e secou, ao que Maria de Magdala o repreendeu, "Darás a quem precisar, não pedirás a quem não tiver. Arrependido, Jesus ordenou à figueira que ressuscitasse, mas ela estava morta" (ESJC: 362).

Antes de darmos continuidade às palavras sobre os milagres ressignificados, cabe, para respeitar a ordem narrativa da obra ora analisada comentar o encontro da Trindade Profana no meio do mar. Nos Evangelhos canônicos, o encontro dá-se somente com o Diabo, após um jejum de quarenta dias e quarenta noites, quando Jesus é guiado pelo Espírito Santo ao deserto para ser tentado. No livro de Saramago, o que se dá é uma conversa de quarenta dias, no meio do mar, momento em que Jesus terá ciência das coisas futuras.

O tom de Jesus para com Deus é de revolta e indignação, por todas as coisas que lhe aconteceram, pela paternidade silenciada até o momento em que o demônio resolveu desvelar o assunto. Jesus quer saber de sua paternidade e de seu destino e indaga: "Como pode um homem ser filho de Deus, Se és filho de Deus, não és um homem, Sou um homem, vivo, como, durmo, amo como um homem, portanto sou um homem e como homem morrerei, No teu lugar, não estaria tão certo disso, Que queres dizer, Essa é a segunda questão" (ESJC: 365).

A resposta a segunda questão chega de forma detalhada: os milagres, as dores, as palavras que devem ser ditas, o profeta que lhe precederá e abrirá o caminho, falamos de João Baptista, a crucificação e a morte. Depois a glória sobre a terra dos homens e a vitória sobre as outras religiões. Jesus tenta renegar sua predestinação inutilmente:

> Não estejas com rodeios, diz-me que morte será a minha,
> Dolorosa, infame, na cruz, Como meu pai, Teu pai sou eu,
> não te esqueças, Se ainda posso escolher um pai, escolho-o
> a ele, mesmo tendo sido ele, como foi, infame uma hora da
> sua vida, Foste escolhido, não podes escolher, Rompo o

> contrato, desligo-me de ti, quero viver como um homem qualquer, Palavras inúteis, meu filho, ainda não percebeste que estás em meu poder e que todos esses documentos selados a que chamamos acordo, pacto, tratado, contrato, aliança, figurando eu neles como parte, podiam levar uma só cláusula, com menos gasto de tinta e de papel, uma que prescrevesse sem floreados Tudo quanto a lei de Deus queira é obrigatório, as excepções também, ora, meu filho, sendo tu, duma certa e notável maneira, uma excepção, acabas por ser tão obrigatório com o é a lei, e eu que a fiz (...). (ESJC: 371)

Jesus, vendo que não poderia vencer o debate, alça os olhos a Pastor, que ali já havia chegado há algum tempo, esperando uma palavra que o libertasse, um argumento em seu favor, mas o que ele lê nos olhos do Diabo é a resposta que lhe dera quando do despedira: "Não aprendeste nada". Duro é para ele recalcitrar a Deus. "agora Jesus compreende que desobedecer a Deus uma vez não basta, aquele que não lhe sacrificou o cordeiro, não deve sacrificar-lhe a ovelha, que a Deus não se pode dizer Sim para depois dizer-lhe Não" (ESJC: 375).

Consciente de seus limites, o filho de Deus entrega-se: "Jesus deixou cair os braços e disse, faça-se então em mim segundo a tua vontade" (ESJC: 377). Entretanto, como condição de aceite, mesmo não tendo essa prerrogativa, solicita que Deus lhe revele o que virá no futuro, após a sua crucificação. Começa-se uma lista interminável de mortes das mais diversas e atrozes, que aqui não repetiremos, pois basta que olhemos para trás e contemplemos a história do Ocidente medieval, as Cruzadas, a Inquisição, as perseguições às bruxas e tantas outras ações cruentas justificadas por meio de interpretações da Bíblia, operadas pela Igreja católica.

Após o encontro, tudo estava já acertado e os sinais seguiam-se. Dois deles, a purificação do leproso e a cura do paralítico de Cafarnaum são só relatados entre os prodígios realizados por Cristo após o encontro. O autor preocupa-se mesmo é por reeditar a história de Lázaro, que, na Bíblia, diz-se que Jesus recebera a notícia de que ele estava doente de enfermidade mortal, que fosse visitá-lo, mas a demora de quatro dias não lhe permitiu que o encontrasse com vida, porém Jesus o ressuscitou (Jo 11:1-44). Em *O Evangelho Segundo Jesus Cristo*, Lázaro é irmão de Maria de Magdala. A visita de Jesus se dá por causa da tentativa de reunir-se novamente a família: Marta, Maria e Lázaro. O irmão sofria do coração e Jesus cura-lhe da enfermidade. Passados uns dias, resolve ir ao Templo provocar alguma confusão para ver se lhe prendiam e matavam, frustrando os planos divinos. Não acontece, mas, quando retorna, tem a notícia de que Lázaro havia morrido, e intenta ressuscitá-lo, ao que Maria de Magdala o para: "Ninguém na vida teve tantos pecados que mereça morrer duas vezes" (ESJC: 428).

Neste intervalo, compreendido entre a cura do leproso e a frustrada intenção de ressuscitar a Lázaro, Jesus havia mandado seus discípulos aos pares pelas terras de Israel a apregoar as novas do evangelho. Eles voltaram trazendo notícias de João, o profeta que Deus havia-lhe dito que estaria a preparar-lhe o caminho. E ele decide encontrar-se com o profeta. Vai com Judas de Iscariote e Tomé, os que lhe trouxeram as notícias. Quando volta, o conteúdo da conversa só é revelado à Maria de Magdala:

> (...) só Maria de Magdala teve conhecimento nessa noite, e ninguém mais, Não se falou muito, disse Jesus, mal tínhamos acabado de saudar-nos, ele quis saber se eu era aquele que há-de vir, ou se devíamos esperar outro, E tu, que lhe respondeste, Disse-lhe que os cegos vêem e os coxos andam, os leprosos ficam limpos e os surdos ouvem, e a boa nova é anunciada aos pobres, E ele, Não é preciso que o Messias faça tanto, desde que faça o que deve, Foi o que ele disse, Sim, foram as suas palavras exactas, E o que deve fazer o Messias, Isso lhe perguntei, E ele, Respondeu-me que eu teria de o descobrir por mim, E depois, Mais nada, levou-me para o rio, baptizou-me e foi-se embora, Que palavras foram as que te disse para baptizar-te, Baptizado estás em água, seja ela a alimentar o teu fogo. (ESJC: 422)

Essas palavras é que incentivaram a Jesus a retirar-se por oito dias sem pronunciar palavras e, em seguida, ir ao Templo promover a desordem, que, na Bíblia, é descrita como a purificação do Templo (Mt 21:12-7; Mc 11:15-8; Lc 19:45-8).

A angústia de Jesus só aumenta com o tempo, os seus milagres, ele tem consciência disso, nada mais são que panaceias inúteis, um adiamento da morte certa de cada um. "Chegou a tristeza de Jesus a um ponto tal que Maria lhe disse, Não morras tu agora" (ESJC: 431). Não fosse sua companheira, o fardo ser-lhe-ia insuportável, mas ela era fiel e fiel foi-lhe até a morte.

A TRINDADE PROFANA DE SARAMAGO

> Precisas hoje de mim como nunca precisaste antes, sou eu que não posso alcançar-te onde estás porque te fechaste atrás duma porta que não é para forças humanas, e Jesus, que a Marta tinha respondido, Na minha morte estarão presentes todas as mortes de Lázaro, ele é o que sempre estará morrendo e não pode ser ressuscitado, pediu e rogou a Maria, Mesmo quando não possas entrar, não te afastes de mim, estende-me sempre a tua mão mesmo quando não puderes ver-me, se o não fizeres, esquecer-me-ei da vida, ou ela me esquecerá, e Maria de Magdala foi com ele, Olharei a tua sombra se não quiseres que te olhe a ti, disse-lhe, e ele respondeu, Quero estar onde a minha sombra estiver, se lá é que estiverem os teus olhos. (ESJC: 431)

Chega, por fim, a notícia da prisão de João Baptista e sua morte, por vociferar contra o adultério de Herodes. Aos olhos de Jesus, um motivo fútil, diante de toda a grandeza que anunciavam suas palavras. Então, com isso, Jesus reúne seus discípulos para anunciar-lhe as dores futuras e também um plano, uma última tentativa de frustrar o projeto de Deus para a humanidade: anunciar-se rei dos Judeus para ser condenado por traição pelo Estado romano. Isso feito, Judas é quem leva a notícia às autoridades, trazendo sobre si a condenação por traição, que lhe impõem os discípulos, mesmo fazendo o que fez para ajudar o Cristo.

Jesus é preso, levado a Pilatos:

> (...) este estava ali e era como se não estivesse, tão seguro de si como se fosse , de facto e de direito, uma real pessoa, a quem, por ser tudo isto um deplorável mal-entendido, não tarda que venham restituir a coroa, o ceptro e o manto. Pilatos (...) passou ao interrogatório, Como te chamas, homem, Jesus, filho de José, nasci em Belém de Judeia, mas conhecem-me como Jesus de Nazaré porque em Nazaré de Galileia vivi, Teu pai, quem era, Já to disse, o seu nome era José, Que ofício tinha, Carpinteiro, Explica-me então como saiu de um José carpinteiro um Jesus rei, Se um rei pode fazer filhos carpinteiros, um carpinteiro deve poder fazer filhos reis. (...). Obrigas-me a condenar-te, Faz o teu dever, Queres escolher a tua morte, Já escolhi, Qual, A cruz, Morrerás na cruz. (ESJC: 441-2)

Além da morte de cruz, Jesus pedira que lhe pregassem uma placa no cimo de sua cabeça na cruz com a sua identificação: Jesus, rei dos judeus. Pilatos concedeu-lho e lavou as mãos, como era de seu costume toda vez que terminava um julgamento, e não para isentar-se de culpa quanto à morte de um inocente, como prefigurado nos Evangelhos canônicos.

Procedeu-se então o ritual de crucificação, Jesus achara que conseguira seu intento, mas, quando moribundo, percebeu que tudo estivera sempre dentro da vontade de Deus, que este aparecera diante de todos, no céu, e disse, numa voz que ecoou por toda a terra, "Tu és o meu filho muito amado, em ti pus toda a minha complacência". Jesus clama a Deus e aos homens em resposta: "Homens, perdoai-lhe, porque ele não sabe o que fez". Está consumado, disse o Jesus das Escrituras sagradas. Este, do "Quinto Evangelho", não é tão resignado assim, lutou até o fim para evitar o que se viu durante grande parte da história do Ocidente medieval, mas seus esforços foram inúteis. Tudo foi consumado em conformidade com a vontade do Senhor.

CONSIDERAÇÕES FINAIS

A Igreja católica, com sua teologia, fora, na Idade Média, um dos pilares do estado, quando não o próprio estado; é a partir dela que se define o que hoje conhecemos como centro cultural do Ocidente: a Europa. E os preceitos que basearam essa formação do medievo ocidental basearam-se, por sua vez, em exegeses bíblicas tomadas politicamente como ideologia para a manutenção do poderio eclesiástico sobre os povos.

Em tudo o que se teve de atroz no mundo do Ocidente medieval, podemos perceber a ação da Igreja e sua ideologia corporativista, tentando conter as ameaças e manter sua autoridade. Por outro lado, muito do que se avançou em ciência e arte nesse período deve-se a organizações eclesiásticas cristãs. A prova e o resultado disso é a organização contemporânea do Ocidente que, se evoluiu, teve as estacas da evolução firmadas no medievo cristão.

A história de Cristo, especialmente a mitificação de seu personagem, seu evangelho foi tomada como força reacionária nas mãos da Igreja católica. Estabelecer os limites desse poderio requereu uma investigação histórica séria a respeito dos anos que circundam o início da era cristã. Movimento só possível com o enfraquecimento político da Igreja católica nos inícios do individualismo no Ocidente.

Essas pesquisas possibilitaram novas interpretações acerca da vida e da mensagem do Jesus histórico. Possibilitaram, também, a publicação de obras literárias que tomam a Cristo como personagem Central: *A vida de Jesus*, de Ernest Renan, publicado em 1863; *A última tentação de Cristo*, de Nikos Kazantzakis, publicado em 1951; *O mestre e Margarita*, de Mikhail Bulgakov, publicado em 1966; e *O evangelho segundo Jesus Cristo*, de José Saramago, publicado em 1991.

O livro de Saramago, do qual nos ocupamos neste trabalho, reescreve uma versão politizada da vida de Jesus, não no sentido histórico, tal como vem sendo desvelada por intermédio das pesquisas, mas num sentido alegórico, como por meio da alegoria os primeiros padres da Igreja cristã elaboraram algumas exegeses dos Evangelhos canônicos. O literato humaniza, por meio da política, três figuras fundamentais à religião cristã: Diabo, Deus e Jesus, que aqui denominamos Trindade Profana.

Ao reescrever o evangelho, Saramago não nega o valor histórico dos Evangelhos canônicos, menos ainda confirma os resultados das pesquisas historiográficas a respeito do tema, mas questiona tanto estes quanto aqueles, porque sua poética é a pós-moderna, é a da metaficção historiográfica, que, por meio da paródia e da ironia, apropria-se do discurso que se põe como verdade fatídica para demonstrar que não se trata senão de "papel e tinta, mais nada" (ESJC, 13).

A Trindade Profana é assim denominada por sua tríade representar uma só vontade em exercício, o trabalho ininterrupto para a concretização de um só propósito, ver cumprido o plano expansionista de Deus e o exercício irrestrito de sua vontade. E essa vontade está mais relacionada a uma vontade humana de exercer autoridade sobre e explorar o outro. É essa vontade que fica exemplificada historicamente pelas Cruzadas, pela Inquisição, pela Expansão Marítima e Comercial Europeia, pelas atuais investidas dos grandes impérios do capital sobre outras nações por conta do controle do petróleo, pelos bloqueios econômicos em nome de retaliações políticas e muitas outras situações em todos os níveis de relação.

No livro, essa vontade de poder é gerada no coração de Deus pela insatisfação que ele mesmo tem em relação aos seus domínios. Uma insatisfação deixada como herança ao homem, como uma dádiva que o torna imagem e semelhança do criador. Mas, invertendo o quadro, pondo Deus como criatura, a obra diz o contrário: para tornar esse Deus humano, o autor transporta a insatisfação e a vontade de poder que caracterizam o homem ao coração da divindade.

Os três personagens compõem uma heteronímia da vontade de Deus, sendo Jesus aquele que a cumpre mesmo sem querer, porque a situação lhe foi imposta; o Diabo, aquele que a cumpre por interesse próprio[18]; e Deus, aquele que age inescrupulosamente para alcançar seus objetivos. E não se poderá defender a inocência de Jesus, porque "aquele que não lhe sacrificou o cordeiro, não deve sacrificar-lhe a ovelha" (ESJC, 375). Tal afirmação torna-lhe culpado por sua própria inocência.

Muito há de se falar ainda. A experiência de leitura de um texto e o resultado crítico que se tem disso varia como variam as épocas e os leitores. O que mostramos foi a composição política de uma obra que reescreve uma história "arquiconhecida". Se por um lado, a exegese bíblica da Igreja católica apresentou um Cristo transcendental, por outro, as pesquisas históricas tentam recuperar sua humanidade a todo custo, revelando ao mundo as nuances de sua vida política junto ao povo judeu. Saramago pinta um Jesus humano, político e divino.

---

[18] O interesse de Satanás manifesta-se também no momento em que propõe a Deus o abandono do plano. Para ele, voltando para o céu ou ficando na terra, o ganho era inevitável. Essa proposta só se configurou como uma tentativa de melhorar ainda mais sua situação na conjuntura celestial do Cristianismo.

BIBLIOGRAFIA

ARISTÓTELES. *Poética*. Tradução: Eudoro de Sousa. 7 ed. Lisboa: Imprensa Nacional – Casa da Moeda, 2003.

AUDI, Robert (dir.). *Dicionário de Filosofia de Cambridge*. Tradução: João Paulo Netto, Edwino Aloysius Royer et al. São Paulo: Paulus, 2006.

BAKHTIN, Mikhail. *Estética da criação verbal*. Tradução a partir do francês: Maria Eramantina Galvão. 3 ed. São Paulo: Martins Fontes, 2000.

BARTHES, Roland. *Aula*. Tradução: Leyla Perrone-Moisés. 9 ed. São Paulo: Cultrix, 2001.

BENJAMIN, Walter. "A obra de arte na época de sua reprodutibilidade técnica". Tradução: Carlos Nelson Coutinho. In: LIMA, Luiz Costa (org.). *Teoria da cultura de massa*. 6 ed. São Paulo: Paz e Terra, 2002. pp. 221-254.

Bíblia de Jerusalém. 4.ª impressão. São Paulo: Paulus, 2006.

BISERRA, Wilian Alves. "Metaficção Historiográfica". In: ______. *A pedra e a torre*. Narrativas sobre os cristianismos de Pedro e Maria Madalena. Dissertação de mestrado apresentada ao Programa de Pós-Graduação em Literaturas da Universidade de Brasília em 2008. pp. 8-12.

BLOOM, Harold. *Jesus e Javé. Os nomes divinos*. Tradução: José Roberto O'Shea. Rio de Janeiro: Objetiva, 2006.

BRANQUINHO, João & MURCHO, Desidério & GOMES, Nelson G. (eds.). *Enciclopédia de termos lógico-filosóficos*. São Paulo: Martins Fontes, 2006.

BRIDI, Marlise Vaz. *Modernidade e Pós-modernidade na Ficção Portuguesa Contemporânea*. Trabalho apresentado no Simpósio "A narrativa ficcional, da vanguarda ao pós-moderno", no 9.º Congresso Internacional da Abralic, em 2004.

BULGAKOV, Mikhail. *O Mestre e Margarita*. Tradução: Mário Salviano Silva. São Paulo: Abril Cultural, 1985.

CHEVITARESE, André Leonardo (org.); CORNELLI, Gabriele (org.); SELVATICI, Monica (org.). *Jesus de Nazaré. Uma outra história*. São Paulo: Annablume; FAPESP, 2006.

CHEVITARESE, André Leonardo & CORNELLI, Gabriele. Judaísmo, Cristianismo e Helenismo. Ensaios Acerca das Interações

Culturais no Mediterrâneo Antigo. São Paulo: Annablume; FAPESP, 2007.

DREHER, Martin. N. *A Igreja no Império Romano*. 6 ed. Rio Grande do Sul: Sinodal, 2007.

EAGLETON, Terry (apres.). *Jesus Cristo. Os Evangelhos*. Tradução: José Maurício Gradel. Rio de Janeiro: Jorge Zahar Editor, 2009.

FERRAZ, Salma. *O quinto evangelista*. O (des)evangelho segundo José Saramago. Brasília: UnB, 1998.

FLUSSER, David. *Jesus*. Tradução: Margarida Goldsztajn. São Paulo: Perspectiva, 2002.

GOMES, Cirilo Folch (comp.). Antologia dos Santos Padres – Páginas seletas dos antigos escritos eclesiásticos. 4 ed. São Paulo: Edições Paulinas, 1979.

HUTCHEON, Linda. *Poética do pós-modernismo*. História. Teoria. Ficção. Tradução: Ricardo Cruz. Rio de Janeiro: Imago, 1991.

______. *Uma teoria da paródia*. Tradução: Teresa Louro Pérez. Lisboa: Edições 70, 1989.

IZOLAM, Maurício Lemos. "O conceito de ironia". In: ______. *A letra e os vermes*. O jogo irônico de ficção e realidade em Machado de Assis. Tese de doutorado apresentada ao Programa de Pós-Graduação em Literatura Brasileira da Universidade Federal do Rio de Janeiro em 2006. pp. 15-70.

JAEGER, Werner. *Paidéia: a Formação do Homem Grego*. Tradução: Artur M. Parreira. 4 ed. São Paulo: Martins Fontes, 2003.

______. *Cristianismo Primitivo e Paidéia Grega*. Tradução: Teresa Louro Pérez. Lisboa: Edições 70, 1991.

JAMESON, Fredric. "Rumo à crítica dialética". In: ______. *Marxismo e forma*. Tradução: Iumna Maria Simon (coordenação). São Paulo: HUCITEC, 1985. pp. 235-315.

KAZANTZAKIS, Nikos. *A última tentação de Cristo*. 4 ed. Tradução: Waldéa Barcellos & Rose Nânie Pizzinga. Rio de Janeiro: Rocco, 1989.

KIERKEGAARD, Søren Aabye. *O conceito de ironia. Constantemente Referido a Sócrates*. Tradução: Álvaro Luiz Montenegro Valls. 3 ed. São Paulo: Editora Universitária São Francisco, 2006.

LE GOFF, Jacques. *A Civilização do Ocidente Medieval*. Tradução: José Rivair de Macedo. São Paulo: Edusc, 2005.

______. *O Deus da Idade Média*. Tradução: Marcos de Castro. Rio de Janeiro: Civilização Brasileira, 2007.

______. *Uma Longa Idade Média*. Tradução: Marcos de Castro. Rio de Janeiro: Civilização Brasileira, 2008.

LIMA, Luiz Costa. *História. Ficção. Literatura*. São Paulo: Companhia das Letras, 2006.

MUECKE, D. C. *Ironia e o Irônico*. Tradução: Geraldo Gerson de Souza. São Paulo: Perspectiva, 1995. Dissertação de Mestrado

PESSOA, Fernando. *Obra Poética*. 3 ed. Rio de Janeiro: Nova Aguilar, 2001.

RENAN, Ernest. *Vida de Jesus*. Tradução: Eduardo Augusto Salgado. Porto: Livraria Chandron, 1926.

ROSENFELD, Anatol. "Literatura e Personagem". In: CANDIDO, Antonio; ROSEMFELD, Anatol; PRADO, Décio de Almeida; GOMES, Paulo Emílio Salles. *A Personagem de Ficção*. 9 ed. São Paulo: Perspectiva, 1998. pp. 11-49.

SAUSSURE, Ferdinand de. *Curso de Lingüística Geral*. Tradução: Antônio Chelini, José Paulo Paes, Izidoro Blikstein. 27 ed. São Paulo: Cultrix, 2006.

SCHMIDT, Júlia Mariana da Graça. "Manual de Pintura e Caligrafia, História do Cerco de Lisboa e O Evangelho Segundo Jesus Cristo – Uma Leitura Trilológica". In: *Romansk Fórum*, n.º 17, 2003/1.

SEIXO, Alzira Maria. *Lugares da Ficção em José Saramago*. O essencial e outros ensaios. Lisboa: Imprensa Nacional – Casa da Moeda, 1999.

SOUZA, Ronaldo Ventura. *O Jesus de Saramago e a Literatura que Revisita Cristo*. Dissertação de mestrado apresentada ao Programa de Pós-graduação do Departamento de Letras Clássicas e Vernáculas da Faculdade de Filosofia, Letras e Ciências Humanas da Universidade de São Paulo em 2007.

SARAMAGO, José. *O Evangelho Segundo Jesus Cristo* (1991). São Paulo: Companhia das Letras, 2006.

______. *Terra de pecado* (1947). Lisboa: Caminho, 1998.

______. *Manual de Pintura e Caligrafia* (1977). 2 ed. São Paulo: Companhia das Letras, 1992.

______. *Levantado do Chão* (1980). 7 ed. Rio de Janeiro: Bertrand Brasil, 1999.

______. *Memorial do Convento* (1982). 33 ed. Rio de Janeiro: Bertrand Brasil, 1996.

______. *O Ano da Morte de Ricardo Reis* (1984). 5 ed. São Paulo: Companhia das Letras, 1998.

A TRINDADE PROFANA DE SARAMAGO

______. *A Jangada de Pedra* (1986). 11 ed. São Paulo: Companhia das Letras, 1988.

______. *História do Cerco de Lisboa*. São Paulo: Companhia das Letras, 1989.

______. *Ensaio Sobre a Cegueira*. São Paulo: Companhia das Letras, 1995.

______. *Todos os Nomes*. São Paulo: Companhia das Letras, 1997.

______. *A Caverna*. São Paulo: Companhia das Letras, 2000.

______. *O Homem Duplicado*. São Paulo: Companhia das Letras, 2002.

______. *Ensaio Sobre a Lucidez*. São Paulo: Companhia das Letras, 2004.

______. *As Intermitências da Morte*. São Paulo: Companhia das Letras, 2005.

______. *A Viagem do Elefante*. São Paulo: Companhia das Letras, 2008.

______. *Caim*. São Paulo: Companhia das Letras, 2009.

______. *A Noite* (1979). 2 ed. Lisboa: Caminho, 1987.

______. *Que Farei com Este Livro?* São Paulo: Companhia das Letras, 1998.

______. A Segunda Vida de Francisco de Assis. Lisboa: Caminho, 1987.

______. *In Nomine Dei*. 2 ed. São Paulo: Companhia das Letras, 1993.

______. *Don Giovanni ou O dissoluto absolvido*. São Paulo: Companhia das Letras, 2005.

______. *Objecto Quase* (1978). 2 ed. São Paulo: Companhia das Letras, 1994.

______. *Poética dos Cinco Sentidos - O Ouvido*. Lisboa: Livraria Bertrand, 1979.

______. *O Conto da Ilha Desconhecida* (1997). São Paulo: Companhia das Letras, 1998.

______. *Os Poemas Possíveis* (1966). 2 ed. Lisboa: Caminho, 1982.

______. *Provavelmente Alegria* (1970). 2 ed. Lisboa: Caminho, 1985

______. *O Ano de 1993* (1975). São Paulo: Companhia das Letras, 2007.

______. *Deste Mundo e do Outro* (1971). Lisboa: Caminho, 1997.

______. *A Bagagem do Viajante* (1973). São Paulo: Companhia das Letras, 1996.

______. *As Opiniões que o DL Teve*. Lisboa: Seara Nova, 1974.

______. *Os Apontamentos* (1977). 2 ed. Lisboa: Caminho, 1990.

______. *As Pequenas Memórias*. São Paulo: Companhia das Letras, 2006.

______. *Viagem a Portugal* (1981). 2 ed. São Paulo: Companhia das Letras, 2003.

______. *A Maior Flor do Mundo*. São Paulo: Companhia das Letrinhas, 2001